Fashion AI

**L'IA generativa nell'immaginario di moda:
una valutazione attuale e prospettive future**

Fashion AI

L'IA generativa nell'immaginario di moda: una valutazione attuale e prospettive future

Introduzione

La seguente analisi offre una valutazione completa e pragmatica dello stato attuale dell'IA generativa (Gen AI) nella produzione di immagini di moda.
C'è un evidente entusiasmo che circonda il potenziale dell'IA, ma anche incertezza sulle sue reali capacità. L'obiettivo qui è delineare chiaramente ciò che è realizzabile con l'IA oggi, i progressi previsti a breve termine e l'evoluzione prevista del settore.
Sfruttando le intuizioni della mia esperienza con i principali marchi di moda e la mia rete di professionisti del settore di alto livello, questa analisi combina applicazioni del mondo reale con una comprensione dell'innovazione digitale per fornire una prospettiva fondata sul ruolo trasformativo dell'IA nel marketing della moda.

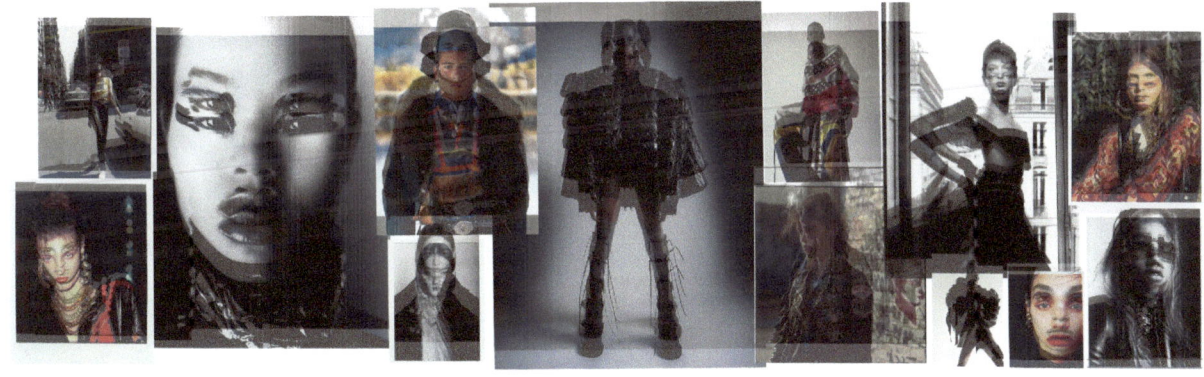

Indice dei contenuti

APPROFONDIMENTI PRELIMINARI

01. CAMBIO DI PARADIGMA
La prima intuizione chiave è l'innegabile cambiamento di paradigma che l'IA sta portando all'industria della pubblicità di moda.
Gen AI rivoluzionerà radicalmente il modo in cui concepiamo, produciamo e distribuiamo contenuti, rendendo potenzialmente obsoleti i metodi tradizionali e quelli resistenti al cambiamento.
In particolare, l'emergere dell'IA è alimentato da cinque esigenze aziendali chiave:

Innovazione nei contenuti
Una spinta per creare nuovi moduli di contenuto innovativi.
Domanda di contenuti personalizzati
Un crescente bisogno di contenuti che siano sia personalizzati che informati dall'analisi dei dati.

Guadagni di efficienza
Una significativa riduzione dei tempi e dei costi di produzione.
Controllo dell'output e gestione del rischio
Maggiore controllo sui risultati creativi e sulla mitigazione del rischio.

Sostenibilità ambientale
L'opportunità di ridurre l'impatto ambientale.

02. SFIDE SIGNIFICATIVE
Mentre la qualità sta rapidamente migliorando, i contenuti generati dall'IA devono ancora affrontare importanti sfide e limiti.
Come vedremo più avanti nell'analisi, ci sono ancora passi significativi necessari per realizzare pienamente il potenziale trasformativo dell'IA nella pubblicità di moda.

03: EVOLUZIONE RAPIDA

La terza intuizione è la velocità sorprendente con cui la tecnologia AI si sta evolvendo: Gli sviluppi si stanno verificando così rapidamente che ciò che sembra poco plausibile oggi potrebbe diventare realtà nel giro di poche settimane, sbloccando possibilità senza precedenti:

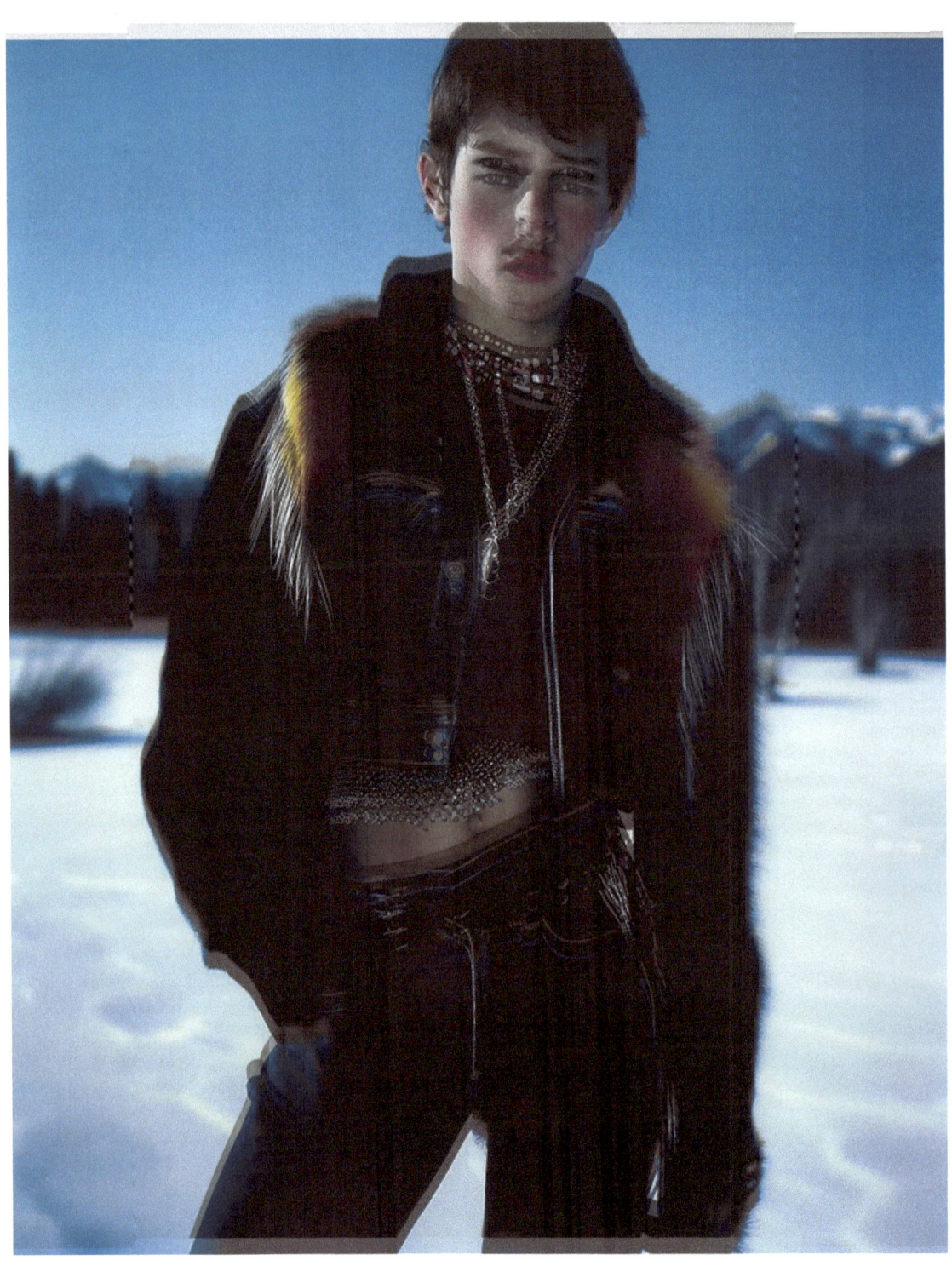

QUADRO OBIETTIVO

La domanda fondamentale a cui cerco di rispondere è:
"A che punto siamo attualmente nello spettro che si estende dalle immagini di moda interamente prodotte dalla fotografia tradizionale a un futuro in cui una parte significativa delle immagini sono create da immagini Gen AI?"

FOCUS

Approfondimenti di alto livello
Questa analisi enfatizza le intuizioni di alto livello piuttosto che i dettagli tecnici intricati. [02] Si rivolge principalmente ai marketer e ai professionisti della moda, fornendo spiegazioni tecniche accessibili insieme alla prospettiva del settore per chiarire la nostra posizione attuale e la traiettoria futura.

Fotografia di moda di alta qualità
Al giorno d'oggi, la fotografia di moda di alta qualità mira in genere a un aspetto realistico, anche quando il realismo non è l'obiettivo principale. Al contrario, alcuni tipi di fotografia pubblicitaria commerciale mostrano uno stile eccessivamente lucido, troppo ritoccato, sovrapposto e troppo simmetrico. Queste immagini, nella loro ricerca della perfezione, possono paradossalmente finire per apparire artificiali o "false", ironicamente simili alla fotografia generata dall'IA più di alcune delle opere più sofisticate generate dall'IA. Questa estetica iperlucidata è, in qualche modo ironicamente, diventata uno standard subconscio rispetto al quale molti giudicano la "perfezione" delle fotografie generate dall'IA.
La mia analisi in questo pezzo non è incentrata su questi tipi di immagini, ma piuttosto sulla fotografia di moda di alta qualità e le sue sfumature. [03]

Fotorealismo
Ciò che ha veramente catturato il mio fascino fin dall'inizio è stata la sfida di raggiungere il fotorealismo estremo. [04] Mentre la fotografia tradizionale manterrà senza dubbio il suo posto - catturando momenti reali e persone reali - Gen AI sta aprendo nuove porte a tutte le altre forme di rappresentazione visiva. Riconoscendo questo ruolo trasformativo nel settore, il mio obiettivo è sempre stato capire come ottenere immagini che potrebbero potenzialmente rivaleggiare con la fotografia tradizionale.

A metà viaggio
Tra gli strumenti di intelligenza artificiale, Midjourney V.6 rappresenta il punto di riferimento per la qualità fotografica. Poiché la qualità è fondamentale per la moda, la maggior parte delle mie analisi si concentra su Midjourney, con alcune notevoli eccezioni.

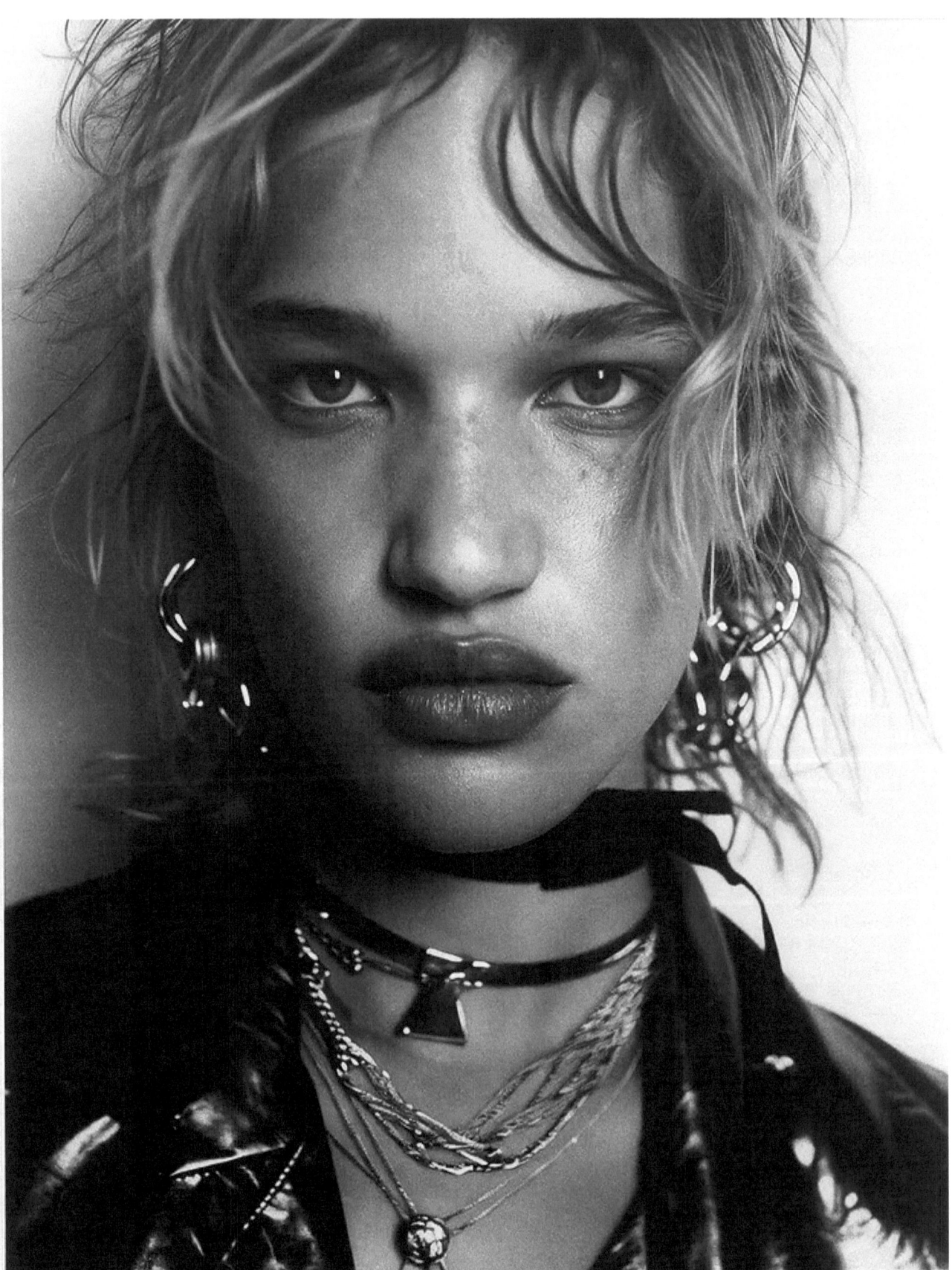

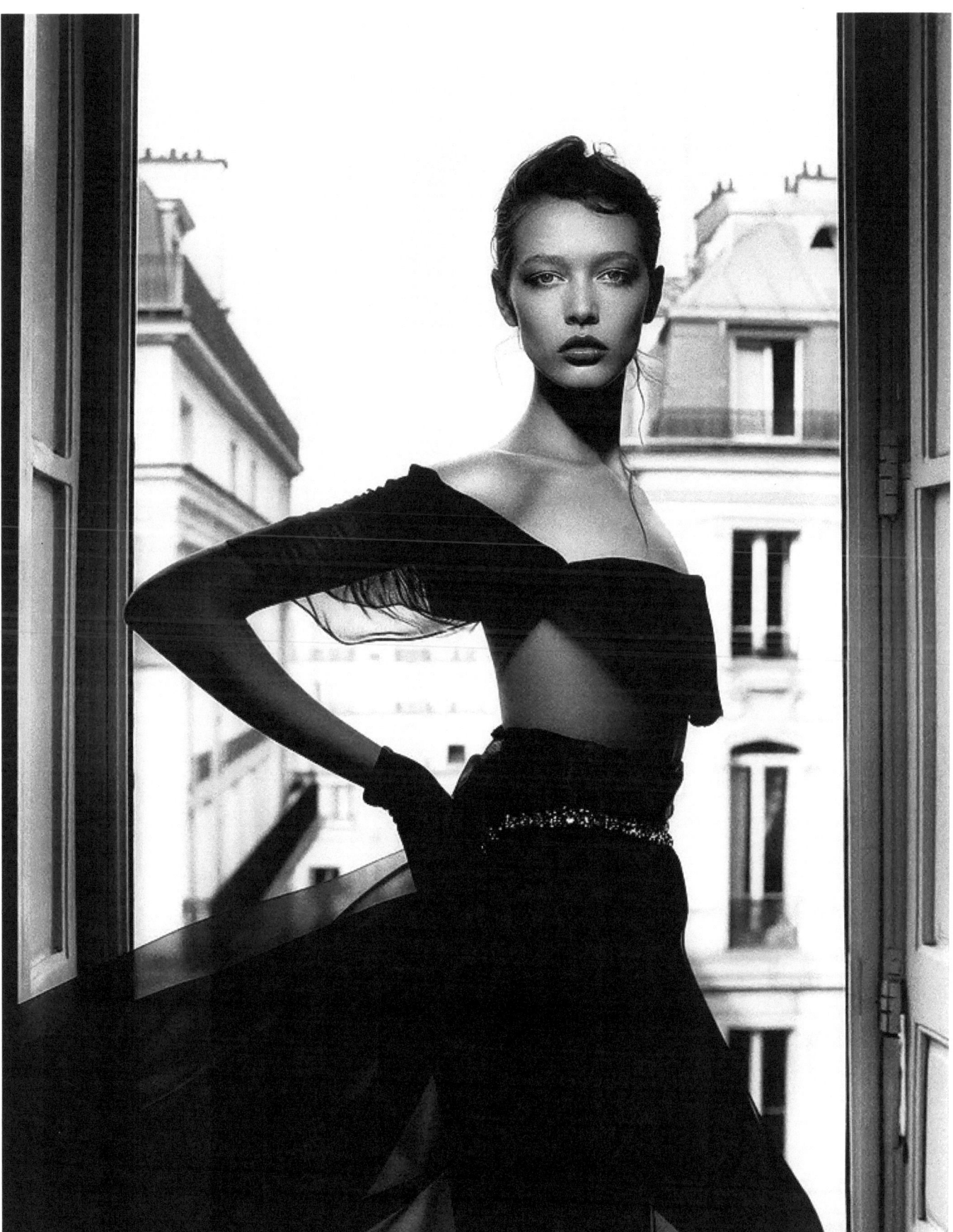

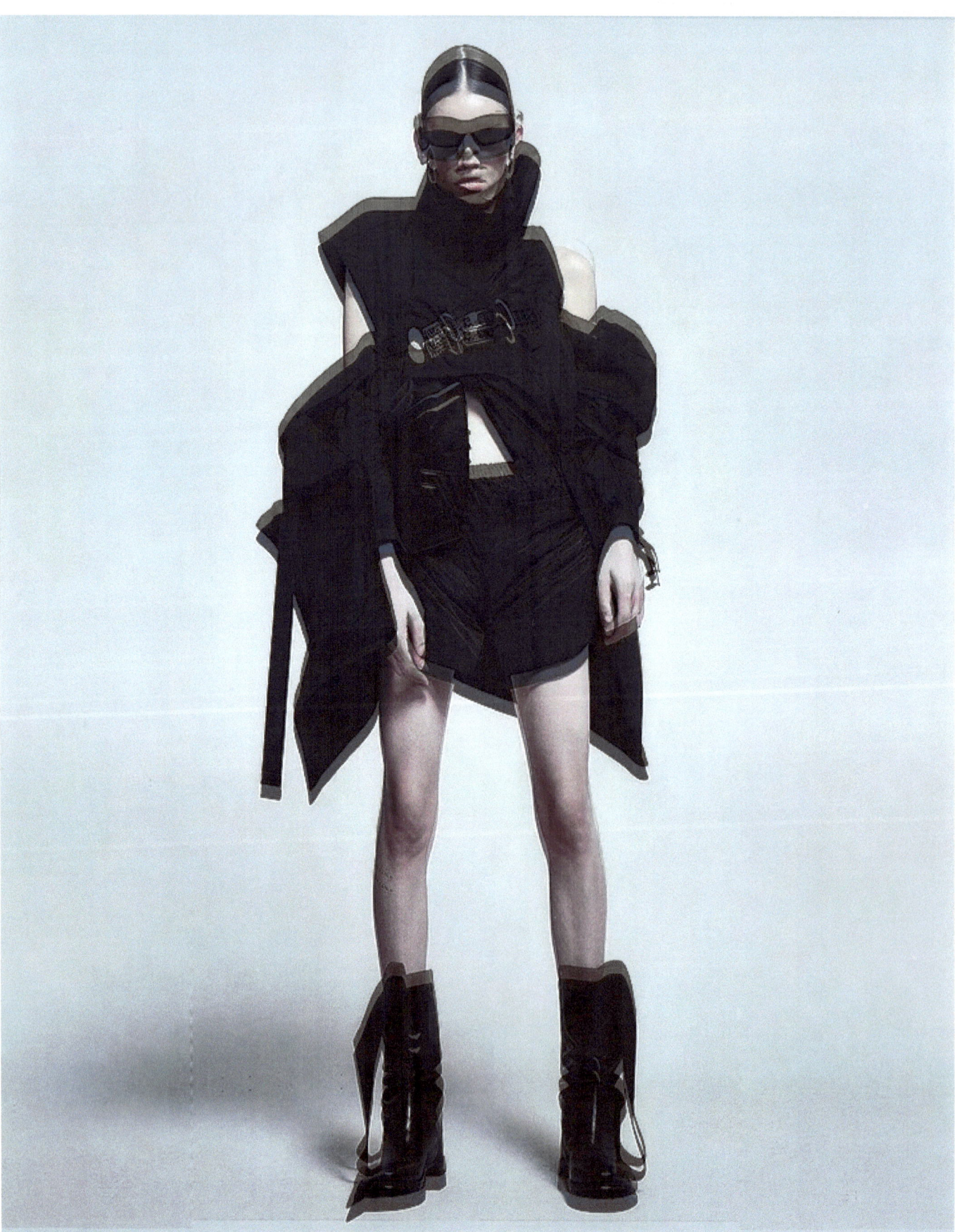

ANALISI

Il mio approccio alla direzione dei servizi fotografici è piuttosto metodico, occupandosi di ogni dimensione creativa lasciando spazio alla spontaneità dell'artista e a quei momenti senza copione che portano autenticità al servizio fotografico. Lo stesso approccio metodico mi guida nella creazione di suggerimenti per le immagini generate dall'IA, che riflettono il processo di preparazione tipico del mazzo creativo di un servizio fotografico tradizionale. Adotterò una struttura simile qui esaminando i vantaggi e i limiti dell'IA in ciascuna delle seguenti dimensioni

01. Fotorealismo

02. Estetica
Inquadratura, messa a fuoco della fotocamera, angoli della fotocamera, styling, fotocamere e film, luce, capelli e trucco.

03. Narrativa
Azione e posa

04. Impostazione
Posizione e studio

05. Casting

01: FOTOREALISMO
Con l'avvento di Midjourney V6, la distinzione tra fotografia generata dall'IA e tradizionale sta diventando notevolmente sottile. Per molti spettatori, le immagini prodotte dall'IA sono praticamente indistinguibili da quelle catturate attraverso la fotografia convenzionale, specialmente se realizzate con suggerimenti abili.
L'integrazione di strumenti aggiuntivi come Magnific.ai, che migliora radicalmente i dettagli e le trame, confonde ulteriormente questa linea.
Con le versioni avanzate di questi strumenti software, così come quelli nuovi, all'orizzonte, è evidente che la fotografia di moda generata dall'IA ha raggiunto un livello di fotorealismo che è oggettivamente soddisfacente.

02: ESTETICA

Inquadratura
L'inquadratura presenta un fenomeno noto come "Regressione alla media". Questo termine implica che l'IA tende a generare immagini che si allineano con i modelli più comuni e tipici nel

suo set di allenamento, limitando l'esplorazione di composizioni meno convenzionali o nuove.
06 Di conseguenza, all'inizio i soggetti sono spesso centralizzati, portando a una sensazione grafica e eccessivamente progettata, e le composizioni hanno bisogno di alcune iterazioni per mostrare diversità, innovazione o sbidità.

In termini di efficacia, gli scatti medi e i primi piani eccellono, spesso apparendo naturali e quasi impeccabili. I ritratti, in particolare quando il soggetto non è impegnato in azioni specifiche, sono tra i migliori casi d'uso, mostrando un realismo impressionante.

Gli scatti a figura intera presentano più sfide, spesso richiedono più iterazioni per un risultato credibile. All'inizio le proporzioni del corpo possono essere distorte, in genere risultando in figure eccessivamente sottili con arti allungati, che richiedono un buon lavoro di ritocco.

Mentre i risultati per singoli soggetti sono spesso impressionanti, sono necessari miglioramenti per gli scatti di coppia e di gruppo.

I volti tendono a sembrare più autentici quando si avvicinano alla fotocamera, ponendo una sfida nelle impostazioni di gruppo. In un paio di scatti, si verifica frequentemente un fenomeno che chiamo "The Twin Effect", in cui i soggetti appaiono eccessivamente simili, quasi come se condividessero porzioni dello stesso DNA.

Messa a fuoco della fotocamera

Anche se i professionisti della fotografia potrebbero notare sottili stranezze, l'attenzione generalmente soddisfa le aspettative dello spettatore medio.

Angoli della telecamera.

La fotografia di moda riguarda le sfumature, ma lievi aggiustamenti agli angoli e alla prospettiva rimangono impegnativi negli strumenti text-to-image. La tendenza "regressione alla media" si applica infatti anche agli angoli della telecamera, spesso facendoli apparire eccessivamente drammatici. Tuttavia, nonostante il significativo margine di miglioramento, l'utilizzo di immagini di riferimento accuratamente selezionate e alcune iterazioni può guidare l'IA verso il raggiungimento di prospettive migliori.

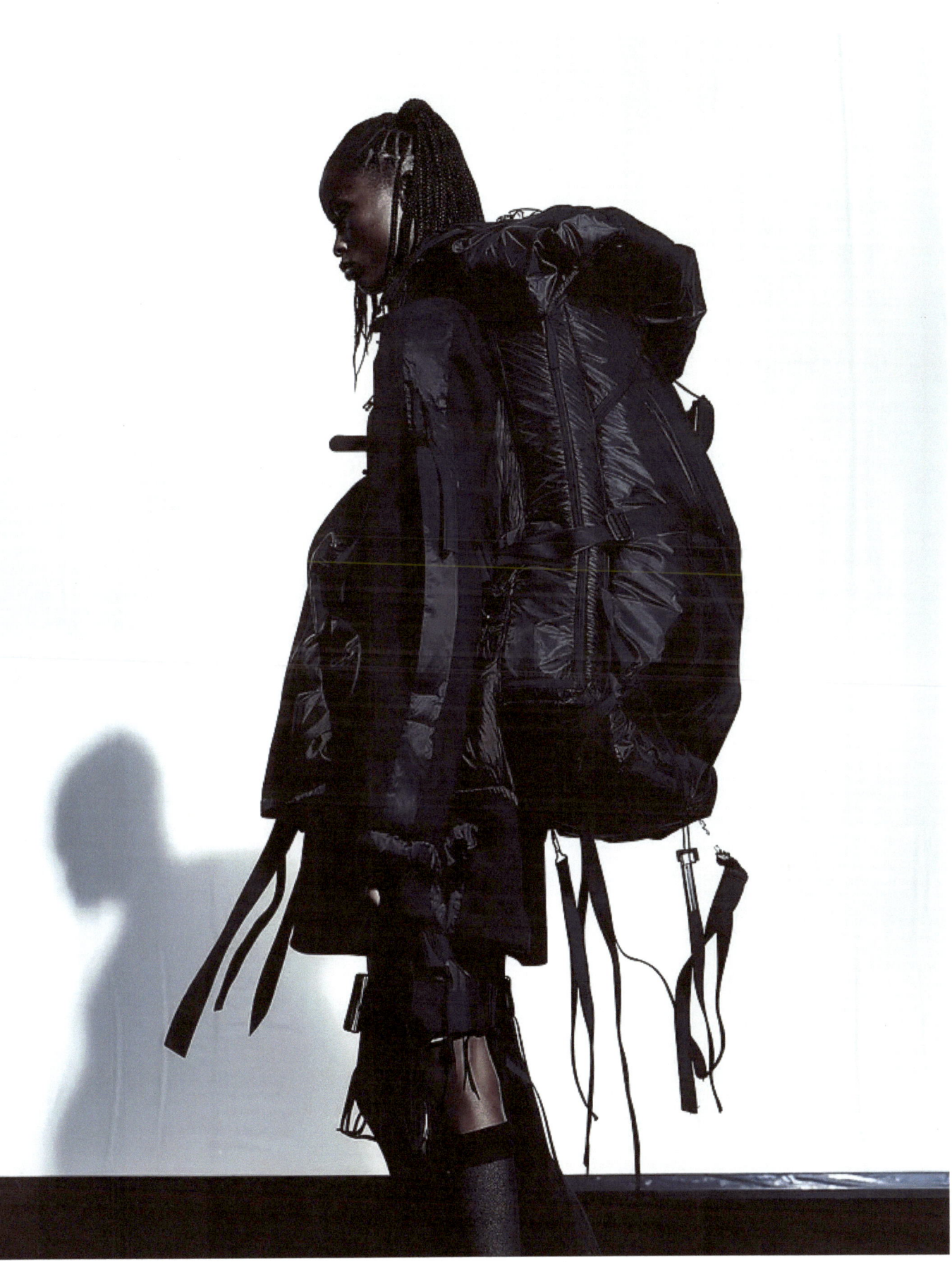

STYLING

Lo stile è un'area in cui MJ eccelle davvero, creando abbigliamento e look molto interessanti che potrebbero anche ispirare servizi fotografici tradizionali.
A volte, gli accessori e i gioielli possono apparire non convenzionali all'inizio, richiedendo alcune iterazioni per ottenere un look meno avant-garde.

TELECAMERE E PELLICOLE

Mi piace incorporare le qualità di fotocamera, pellicola e stampa nei suggerimenti per ottenere un tocco più autentico e umano. Questo rispecchia il mio approccio nella fotografia reale, dove amo usare la pellicola quando possibile. Aiuta a colmare il divario tra digitale e analogico, infondendo alle immagini un senso di realismo, e i risultati sono estremamente soddisfacenti.
Tuttavia, impegnarsi in una fase di colorazione e ritocco in Photoshop rimane cruciale: aiuta a perfezionare gli output, aggiungendo profondità, consistenza e una finitura professionale alle immagini.

LUCE

Gli effetti di luce nelle immagini generate dall'IA affrontano sfide simili alle angolazioni della telecamera. A volte, possono apparire eccessivamente drammatici con semplici suggerimenti (ad esempio, "Golden Hour", "Camera Flash"). Per affrontare questo problema, un approccio strategico prevede l'utilizzo di prompt più descrittivi e immagini di riferimento. Questo aiuta l'IA a capire le sfumature dell'illuminazione che danno alla fotografia di moda la sua profondità e il suo umore.

CAPELLI E TRUCCO

Midjourney V.6 ha portato un notevole miglioramento nella resa dei capelli. Se abbinato a Magnific.ai, c'è un notevole miglioramento nei dettagli e nelle trame realistiche sia della pelle che dei capelli.
Controllare le specifiche del trucco nell'output rimane impegnativo, ma spesso produce risultati sorprendentemente creativi. Tuttavia, sono necessari ulteriori progressi per creare scatti di bellezza per marchi di bellezza che assomigliano molto al vero trucco.

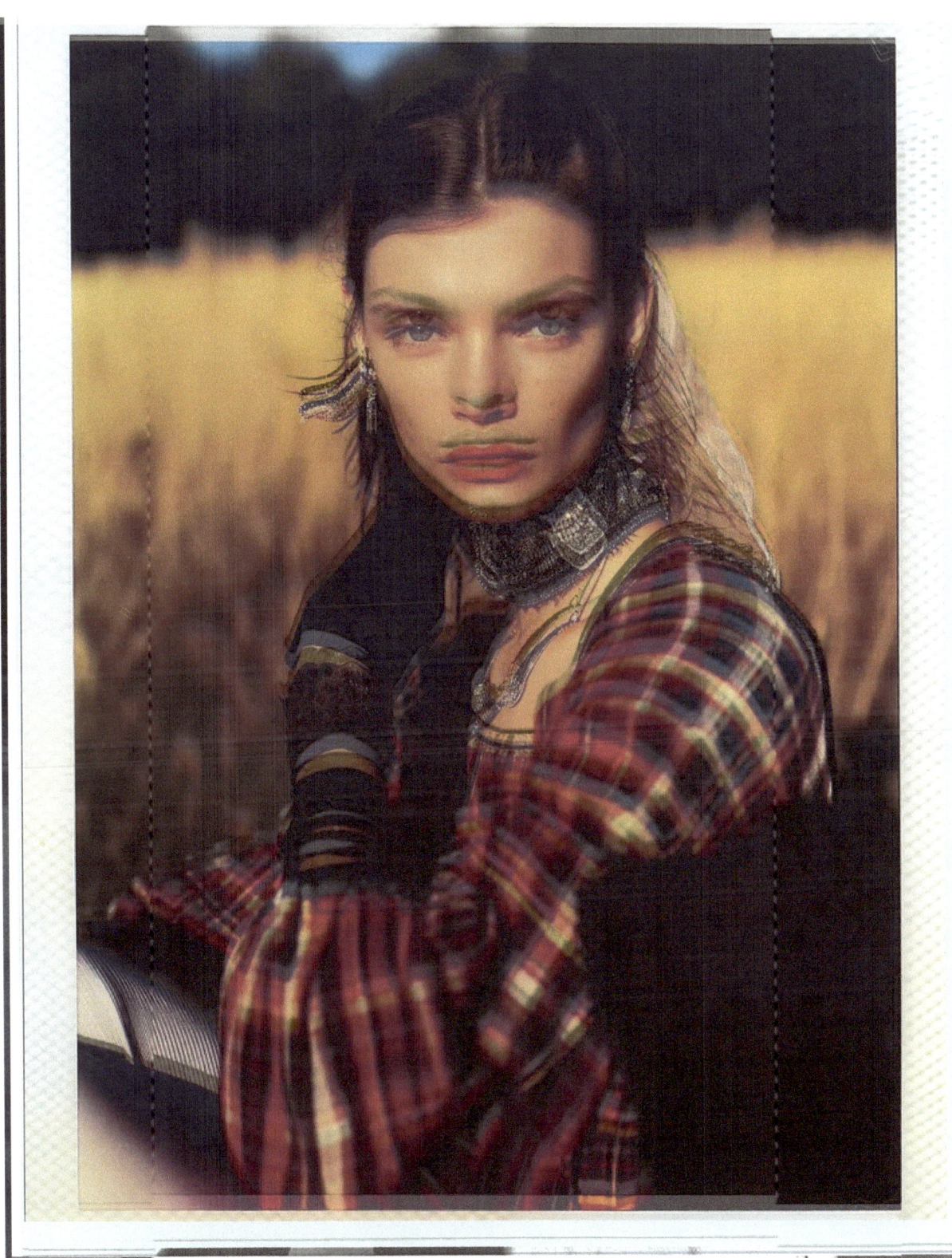

03. NARRATIVA

AZIONE E POSA

La creazione di immagini generate dall'IA che coinvolgono la narrazione richiede uno sforzo significativo per rappresentare azioni specifiche estremamente realistiche. Raggiungere azioni generiche come "camminare per strada" è fattibile, ma catturare l'"entropia del momento" che si trova nella tradizionale fotografia di moda ispirata al documentario è più impegnativo. L'IA attualmente lotta con questi "micromomenti" sfumati ed espressioni spontanee.

Tuttavia, una parte significativa della fotografia di moda, specialmente in studio, è focalizzata sulla posa. In questo settore, le immagini generate dall'IA eccellono. A volte, le pose potrebbero essere eccessivamente commerciali, ma man mano che strumenti come Stable Diffusion si evolvono, ci aspettiamo di ottenere più controllo sulla posa con i progressi in tecnologie come ControlNet.

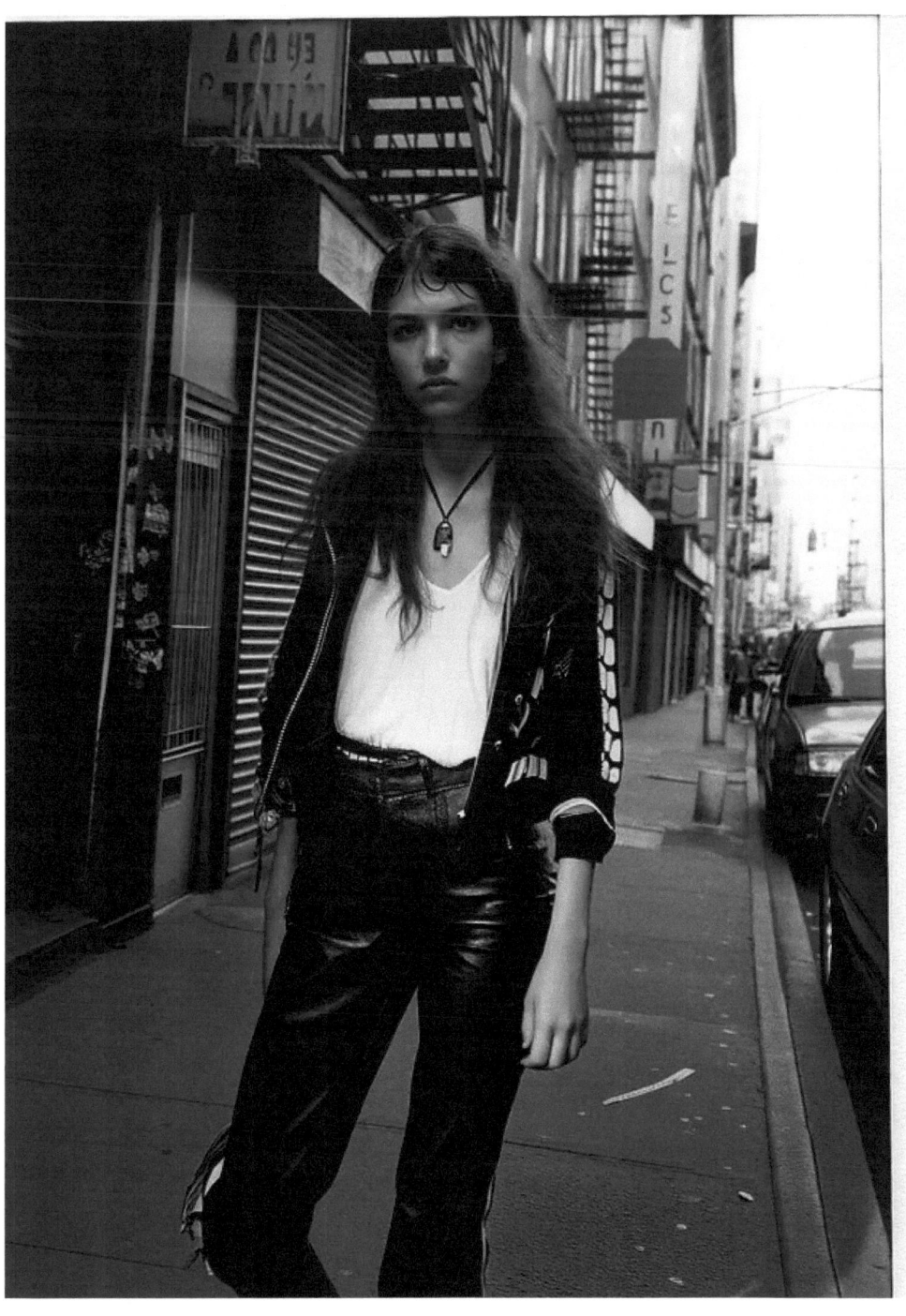

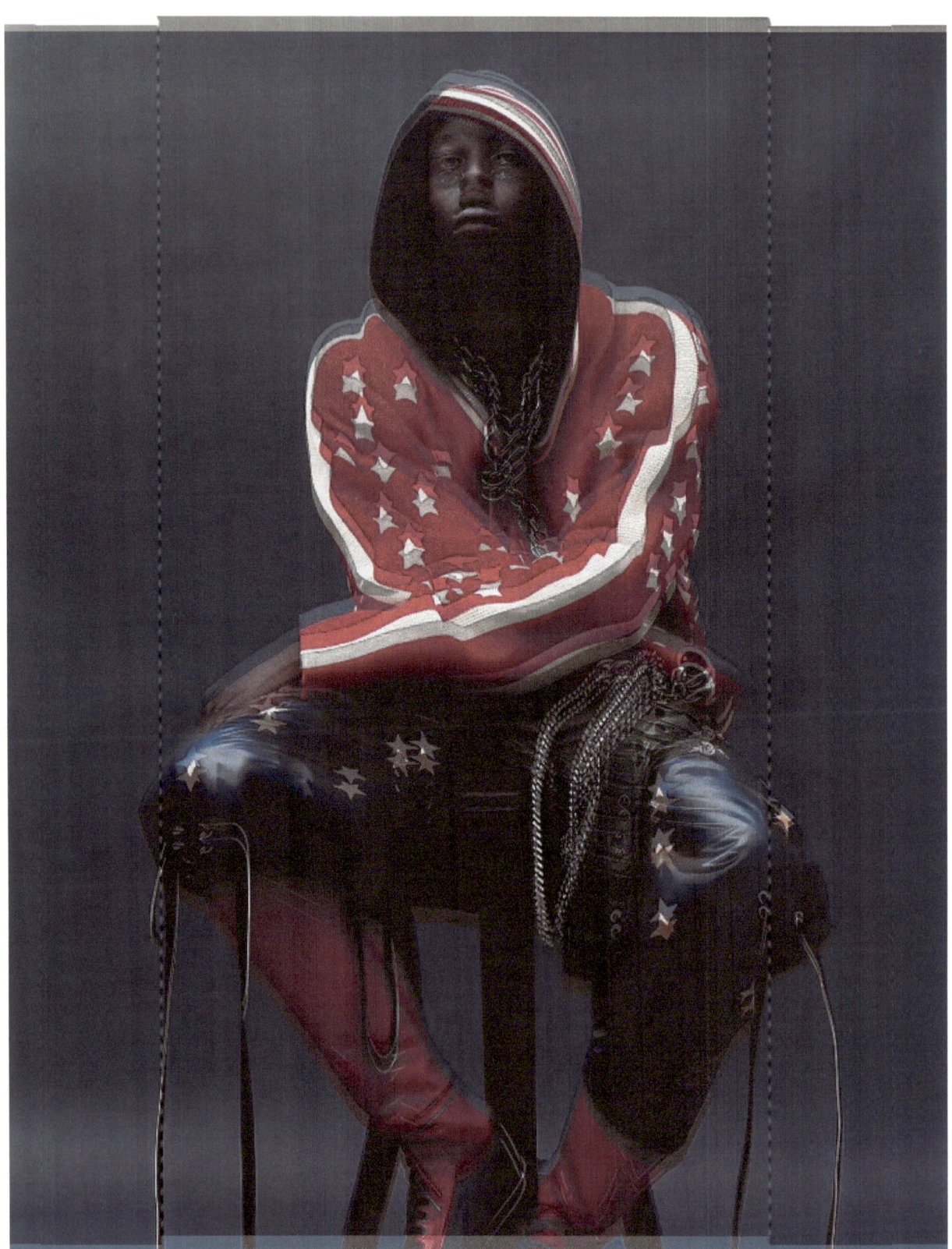

04. IMPOSTAZIONE STAZIONE

04. IMPOSTAZIONE

STUDIO

POSIZIONE E STUDIO

La qualità complessiva sia della posizione che delle impostazioni dello studio nelle immagini è piuttosto impressionante. Le interpretazioni classiche in studio, come gli sfondi su tela, sono ben eseguite. Tuttavia, in luoghi basati sulla strada, ci sono alcuni problemi minori, come il posizionamento o le forme o le forme delle auto occasionali, o la rappresentazione dei personaggi di sfondo. Queste incongruenze possono spesso essere risolte con ulteriori iterazioni e post-produzione.

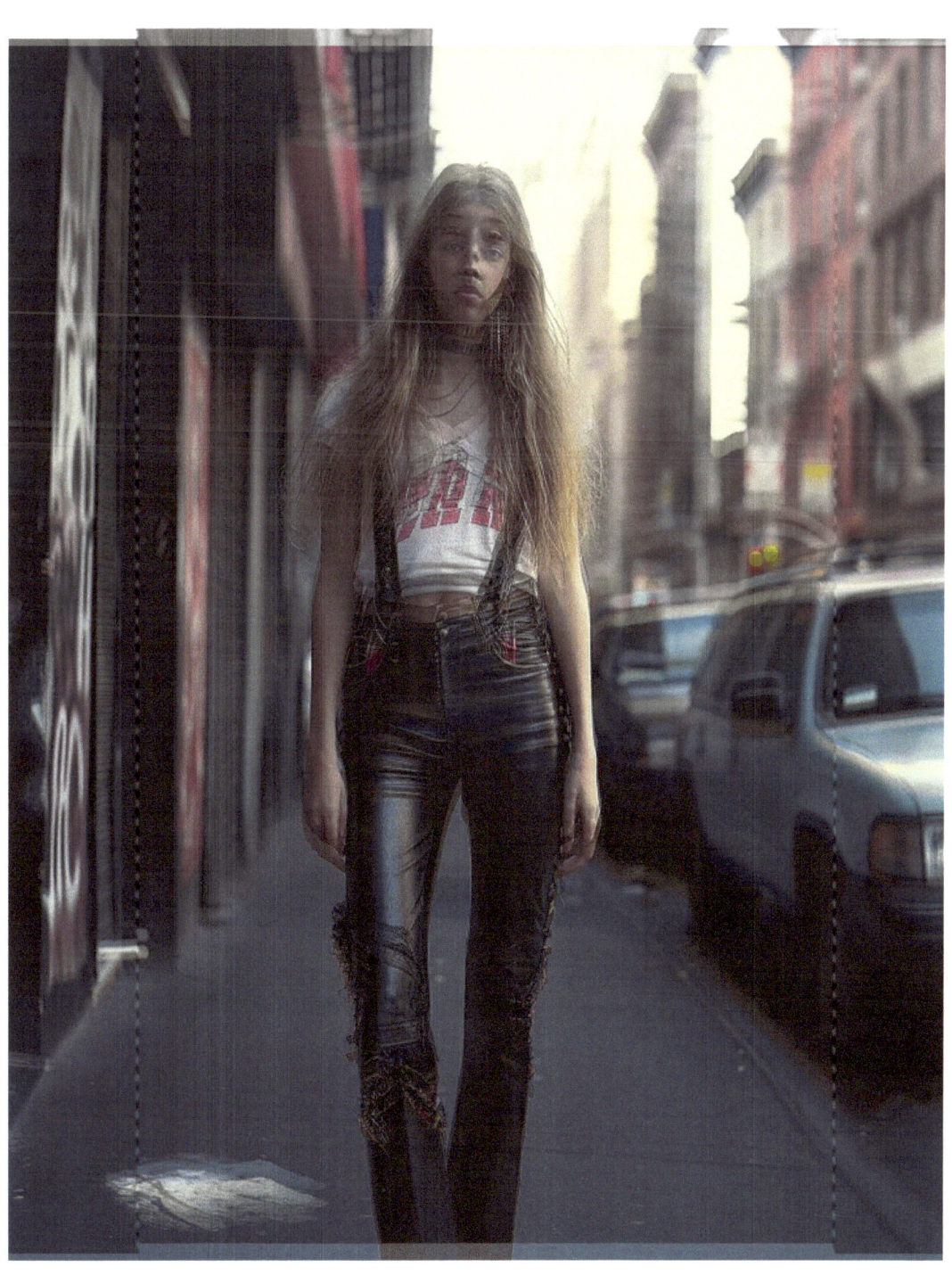

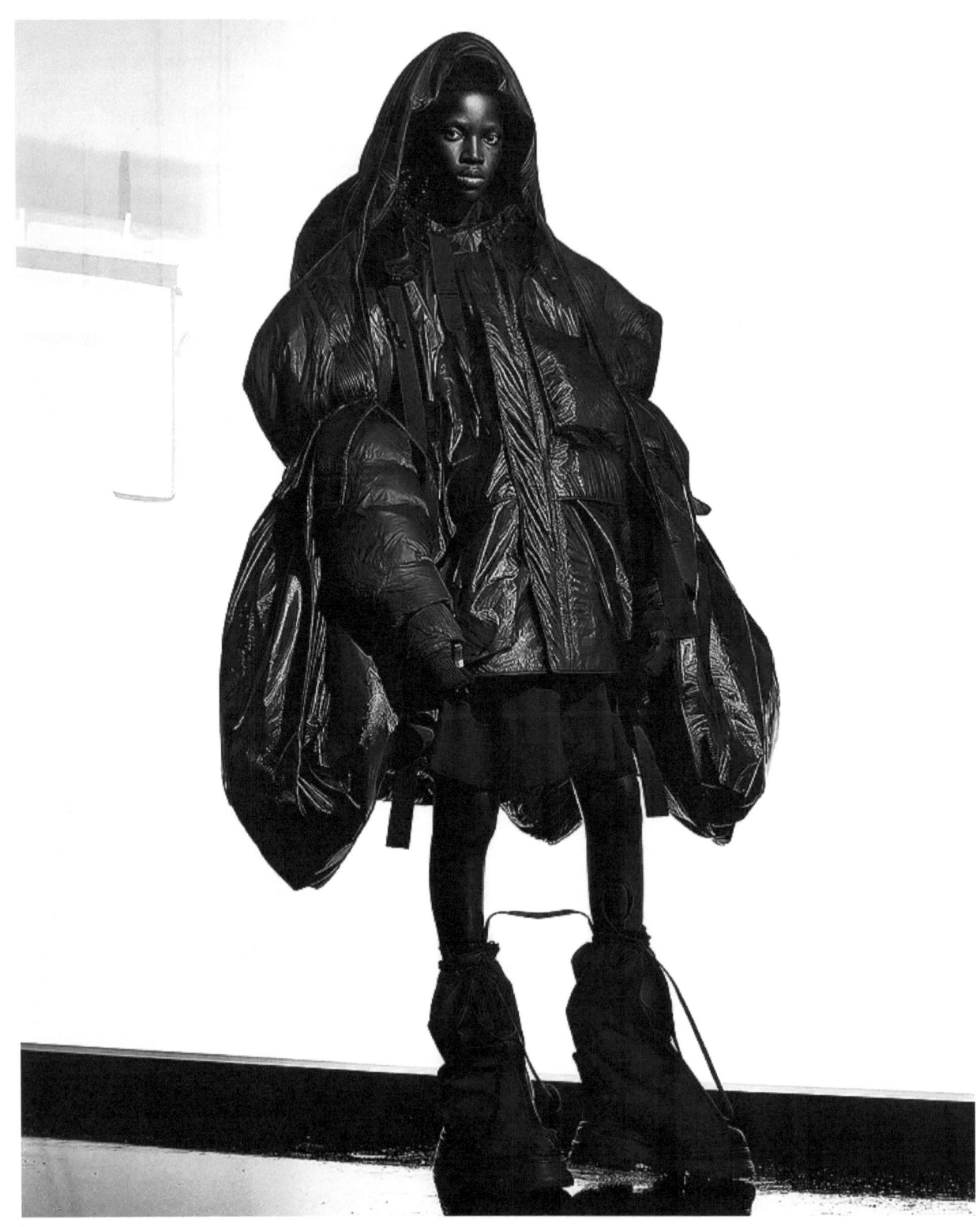

05. FUSIONE

I modelli generati da Midjourney sono sbalorditivi e mostrano la sua eccellenza, proprio come nello stile. L'uso di suggerimenti dettagliati può comportare la creazione di soggetti incredibilmente belli e diversi. Tuttavia, una sfida significativa è mantenere la coerenza di un personaggio. Una volta trovato il soggetto perfetto, replicarli su immagini diverse preservando le loro caratteristiche uniche non è facile. Approfondiremo questo argomento nel prossimo capitolo.

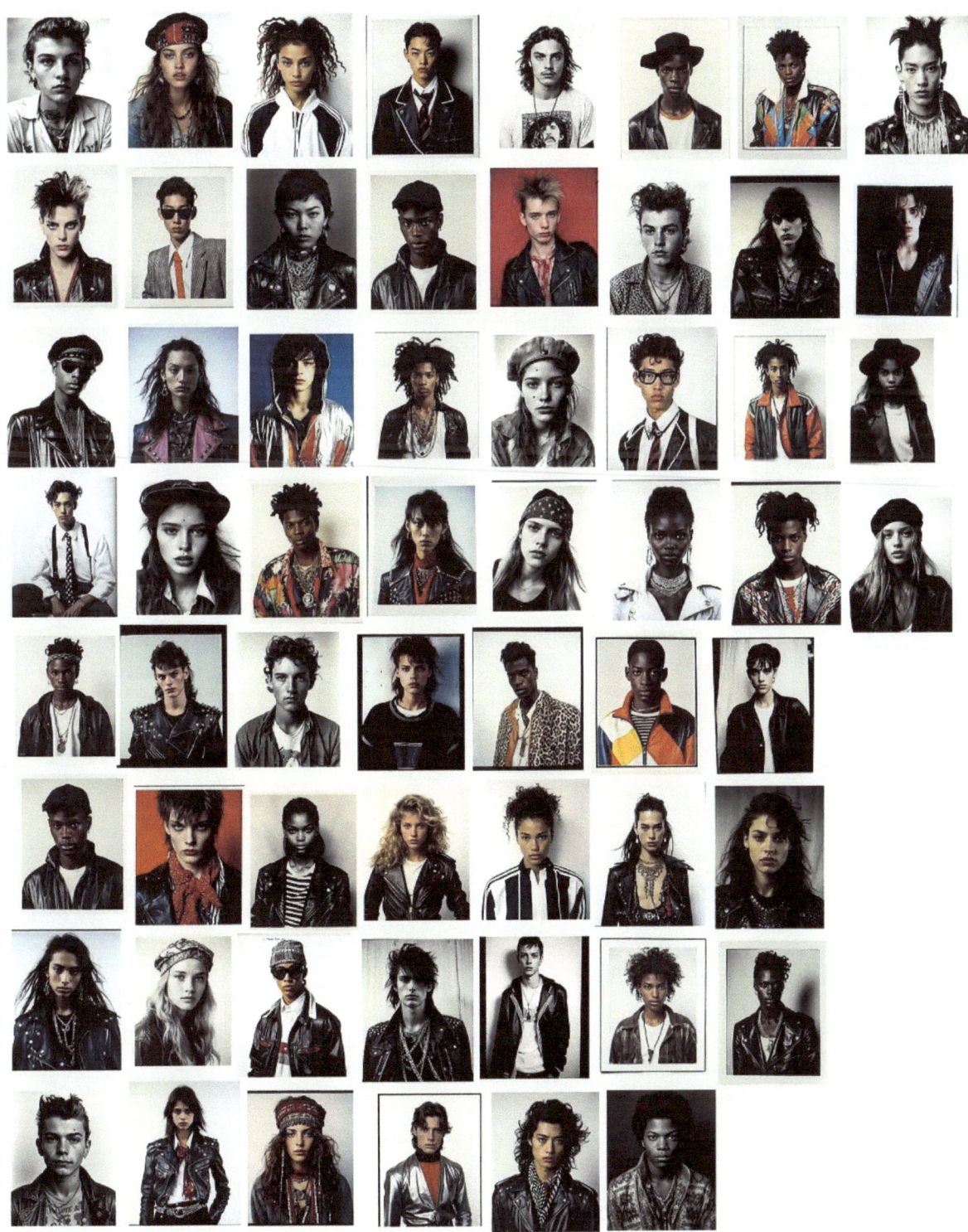

SFIDE E LIMITAZIONI

Come abbiamo osservato, la qualità delle immagini generate dall'IA è migliorata drasticamente nell'ultimo anno. In generale, la tecnologia è ora in gran parte pronta per l'uso commerciale, in particolare con l'aiuto di una postproduzione e di un ritocco qualificati.

Tuttavia, ci sono ancora sfide che devono essere affrontate. Classificate in ordine di importanza, dal più al meno critico, questi problemi sono:

01: Replica dell'indumento
Ottenere una rappresentazione accurata e dettagliata dell'abbigliamento.

02: Coerenza
Mantenere la coerenza del carattere, dell'abbigliamento e della scena in varie immagini.

03: Controllo creativo
Permettendo una direzione artistica più sfumata e precisa.

04: Qualità del fotorealismo
Migliorare il realismo per abbinare la fotografia tradizionale.

05: Diversità e unicità
Garantire una vasta gamma di output diversi e unici.

01: REPLICA DELL'INDUMENTO

La sfida fondamentale nel regno degli strumenti di intelligenza artificiale generativa è la capacità di vestire i soggetti in indumenti virtuali che replicano l'aspetto e la sensazione dei vestiti reali con precisione. Questo è innegabilmente il game-changer che, una volta risolto, trasformerà radicalmente l'industria della pubblicità di moda. Le attuali rese basate sulle immagini iniettate nel software differiscono leggermente dagli indumenti originali. Le immagini che presentano abiti "reali" sono in genere prodotti di ritocco, a partire da servizi fotografici reali, e producono risultati contrastanti.

Detto questo, nelle ultime settimane si è visto un'impennata degli sforzi per affrontare questa sfida. In particolare, ci sono stati sviluppi negli strumenti e nei documenti accademici che suggeriscono una crescente attenzione in questo settore. In particolare ci sono nodi Stable Diffusion / ComfyUI che possono vestire i soggetti a partire dalle immagini di nature morte dei vestiti:

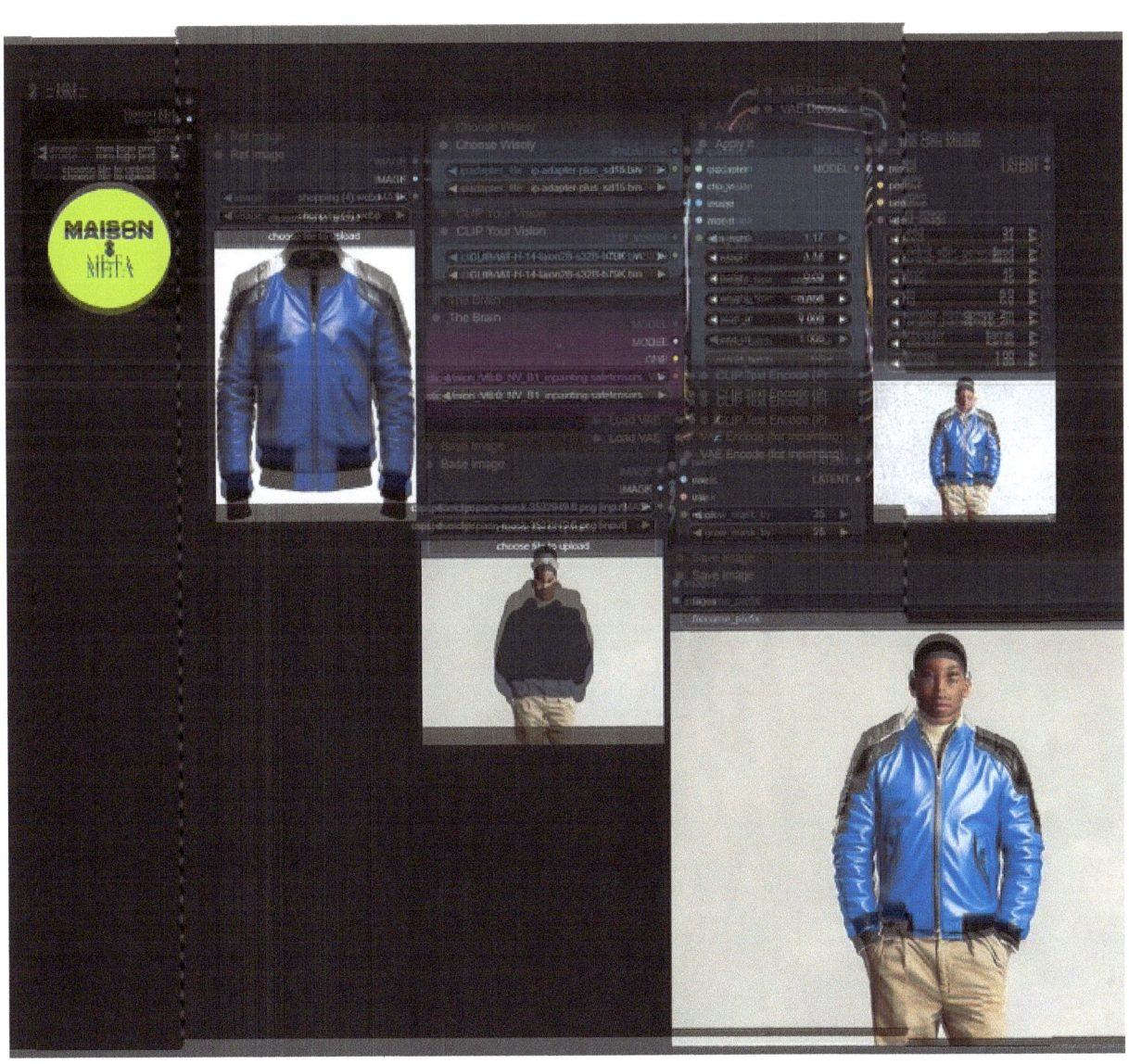

Un nodo confortevole a diffusione stabile sviluppato da Maison Meta per Outfit Swapping che l'azienda dice di funzionare con una precisione del 90%
E due diversi articoli, uno dell'Università di Washington e Google Research chiamato TryOnDiffusion, e uno dell'Institute for Intelligent Computing di Alibaba Group chiamato Outfit anyone

Outfit Anyone: Ultra-high quality virtual try-on for Any Clothing and Any Person

Institute for Intelligent Computing, Alibaba Group

GitHub

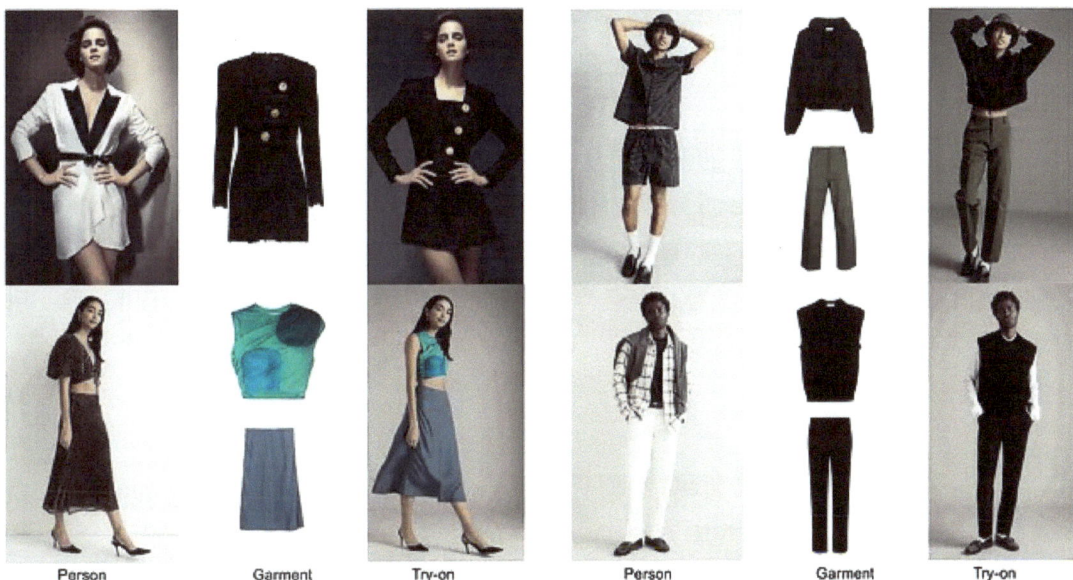

| Person | Garment | Try-on | Person | Garment | Try-on |

Nonostante questi progressi, siamo ancora nelle fasi iniziali. Problemi come la qualità e l'efficace stratificazione dei vestiti rimangono irrisolti. Tuttavia, il rapido ritmo dell'innovazione tecnologica in questo campo rende evidente che miglioramenti significativi sono all'orizzonte per il 2024.

Una volta raggiunta questa svolta critica, rivoluzionerà la produzione di lookbook, cataloghi e immagini di e-commerce. Questo progresso promette di ridurre i costi di produzione, consentire la personalizzazione, facilitare il micro-targeting e semplificare i processi all'interno della catena del valore del settore della moda.

02. COERENZA

La seconda svolta cruciale necessaria è raggiungere la coerenza nel soggetto, nel loro abbigliamento e nella scena. È fondamentale essere in grado di generare più immagini con caratteristiche facciali e corporee coerenti, abbigliamento identico e la stessa impostazione una volta stabilito un soggetto e il loro aspetto.

Le soluzioni attuali, prevalentemente basate su Stable Diffusion, coinvolgono face-swapping e tecnologia deepfake, ma questi strumenti non hanno ancora raggiunto la qualità necessaria per immagini di moda serie e di alta qualità.

Una volta completamente sviluppata, questa funzione non solo aiuterà a creare narrazioni coese, ma consentirà anche ai creativi e ai direttori del casting di sviluppare e mantenere personaggi specifici in tutta una narrazione, migliorando significativamente l'impatto complessivo e la risonanza emotiva dell'immagine.

03: CONTROLLO CREATIVO

Negli strumenti di immagine AI generativa, un altro obiettivo chiave è migliorare il controllo creativo in tutte le dimensioni.

Il Natural Language Processing (NLP) di DALL-E-3 attualmente supera Midjourney e Stable Diffusion in una rapida aderenza, ma ci sono ancora sfide nell'adeguare in modo indipendente le variabili nei modelli text-to-image. Ad esempio, catturare l'illuminazione in un prompt potrebbe involontariamente alterare i colori o anche i dettagli dei capelli. Avanzare la PNL per un controllo più preciso è fondamentale.

Inoltre, l'integrazione di una maggiore aderenza rapida con interfacce intuitive che consentono un controllo extra è vitale. Questa combinazione è fondamentale per regolazioni messe a punto, come le precise modifiche dell'angolo della fotocamera, essenziali per catturare le sottigliezze della fotografia di moda di alta qualità. Questa integrazione di tecnologia e usabilità soddisferebbe gli elevati standard della fotografia di moda e soddisferebbe pienamente le diverse esigenze del marketing di moda.

Tra le piattaforme leader, Stable Diffusion sta avanzando attraverso strumenti open-source che consentono un maggiore controllo. Mentre Midjourney offre una qualità di output superiore, ma affronta decisioni strategiche sul mantenimento dell'esclusività piuttosto che dell'accessibilità alla sua API.

04: FOTOREALISMO

Questa è l'area in cui abbiamo visto i progressi più significativi nell'ultimo anno. Tuttavia, è evidente che ci sono ancora dettagli specifici che richiedono una messa a punto, in particolare in relazione all'anatomia umana generale.

Un focus critico deve essere quello di evitare l'effetto "Uncanny Valley", dove a volte i soggetti quasi-but-not-totally-realistic possono ancora creare un senso di disagio. Ci si aspetta che gli aggiornamenti futuri raggiungano rappresentazioni sempre più realistiche. Questo non solo migliorerà il realismo delle immagini, ma garantirà anche che risuonino più emotivamente con gli spettatori.

05: DIVERSITÀ E UNICITÀ

Ultimo ma non meno importante, con l'avanzare della tecnologia, un'area chiave per il miglioramento è migliorare la diversità e l'unicità delle immagini generate dall'IA. Attualmente, le immagini a volte sembrano avere un'estetica uniforme. I progressi futuri dovrebbero concentrarsi sullo sviluppo di algoritmi in grado di generare uno spettro di stili più ampio e sottile.

TAKEAWAYS

L'ultima cosa da questa analisi è che ad oggi, le immagini generate dall'IA possono essere efficacemente utilizzate nella pubblicità di moda in due modi principali:

Contenuto dei valori del marchio

Qui, l'obiettivo principale è trasmettere i valori e l'ethos del marchio, piuttosto che concentrarsi su articoli di abbigliamento specifici. Le immagini generate dall'IA possono creare narrazioni visivamente avvincenti che risuonano con l'identità del marchio, consentendo un approccio più astratto e concettuale alla pubblicità. Questo metodo è particolarmente utile per le campagne che mirano a rafforzare il riconoscimento del marchio e la connessione emotiva con il pubblico, piuttosto che la promozione diretta del prodotto.

Contenuti dei social media

Le immagini AI possono essere integrate con la fotografia tradizionale e il ritocco abile per produrre contenuti per i social media di marchi innovativi.

In entrambi gli approcci, la chiave è sfruttare strategicamente i punti di forza dell'IA - la sua capacità di generare rapidamente immagini nuove e accattivanti - allineandosi con la visione creativa e gli obiettivi di marketing del marchio. Mentre la tecnologia AI continua ad evolversi, è probabile che il suo ruolo nella pubblicità di moda si espanda, offrendo più possibilità di espressione creativa e coinvolgimento del pubblico.

CHE C'È DOPO?
Dopo aver valutato l'attuale panorama della Gen AI nella pubblicità di moda, esploriamo ora i progressi previsti a breve termine.

01. E-commerce, cataloghi, lookbook
02. Fondere l'intelligenza artificiale con la fotografia tradizionale
03. Integrazione di 3D e Design e Gen AI
04. Emergere di modelli di intelligenza artificiale e influencer
05. Presenza digitale e licenze per immagini
06. Diffusione stabile
07. Copyright e considerazione etica

01. E-COMMERCE, CATALOGHI E LOOKBOOK
Nei prossimi mesi, vedremo Gen AI espandere la sua portata dal branding e dai social media all'e-commerce, ai cataloghi e ai Lookbook.
L'integrazione della fotografia tradizionale con gli strumenti di intelligenza artificiale consentirà di equipaggiare diversi modelli di intelligenza artificiale in una varietà di luoghi e impostazioni, semplificando così il processo di produzione.

02. FONDENDO L'INTELLIGENZA ARTIFICIALE CON LA FOTOGRAFIA TRADIZIONALE
Mescolare la fotografia tradizionale e le immagini generate dall'IA aprirà nuove possibilità estetiche. Vedo questa come una tendenza emergente che offre un significativo potenziale inesplorato.
Nel frattempo vedo anche opportunità per i professionisti del settore esistenti - dai designer ai fotografi, direttori di casting, stilisti - che lavorano con artisti dell'IA. La loro esperienza sarà determinante nel plasmare l'estetica in evoluzione del campo.

03. INTEGRAZIONE DI PROGETTAZIONE 3D E GEN AI

Gli strumenti Gen AI saranno sempre più utilizzati in combinazione con software di design di moda come Clo3D.

La trasformazione dei progetti 3D in immagini di alta qualità utilizzando strumenti di intelligenza artificiale consentirà ai progettisti di visualizzare e presentare facilmente i loro prodotti in contesti realistici. Queste immagini potenziate dall'IA possono quindi essere incorporate in cataloghi e lookbook, fungendo da potente risorsa per i reparti vendite e marketing.

Questo progresso non solo semplifica il viaggio dal design al display, ma apre anche la strada a esperienze coinvolgenti in AR e VR, migliorando la presentazione delle collezioni e offrendo un'esperienza più dinamica, emotiva e coinvolgente per il pubblico.

04. EMERGENZA DI MODELLI DI INTELLIGENZA ARTIFICIALE E INFLUENCER

Affrontare la coerenza del personaggio nella modellazione dell'IA non solo migliorerà le rappresentazioni e le narrazioni digitali, ma accenderà anche una nuova industria poiché i modelli di intelligenza artificiale emergeranno sempre più come figure influenti. Man mano che diventano più importanti, il pubblico può iniziare a riconoscere e formare connessioni emotive con loro, simili agli influencer umani.

È probabile che le agenzie di modelli e i marchi sviluppino strategicamente le caratteristiche estetiche dei modelli di intelligenza artificiale, utilizzando le intuizioni dei dati per creare personaggi che meglio si rivolgono al loro pubblico di destinazione. Inoltre, i nuovi strumenti inizieranno a fornire modelli diversi per ogni utente esteticamente su misura per i propri dati specifici.

05. PRESENZA DIGITALE E LICENZE DI IMMAGINE

Inoltre, il panorama in evoluzione della modellazione e della fotografia porterà a un cambiamento significativo per le modelle reali in quanto non avranno più bisogno di essere fisicamente presenti ai servizi fotografici. Invece, i modelli possono concedere in licenza l'uso della loro immagine, essenzialmente vendendo i diritti di immagine.

06. DIFFUSIONE STABILE

Stable Diffusion è su una traiettoria di miglioramento continuo e presto rivaleggerà con Midjourney (MJ) in termini di qualità del fotorealismo, offrendo un maggiore controllo e versatilità.

Mentre guardiamo al futuro, c'è anche una forte aspettativa per lo sviluppo di strumenti più sofisticati dotati di interfacce user-friendly. Questi strumenti avanzati forniranno un maggiore controllo su vari elementi fotografici, tra cui impostazioni della fotocamera, tipi di pellicola, scelte di obiettivi, soggetti, illuminazione, posa e guardaroba.

Il progresso della UX nella tecnologia AI non riguarda solo il progresso tecnologico; si tratta di democratizzare il mezzo e sbloccare nuovi regni di possibilità artistiche, rendendo la fotografia e le immagini sofisticate più accessibili e adattabili a una vasta gamma di esigenze creative.

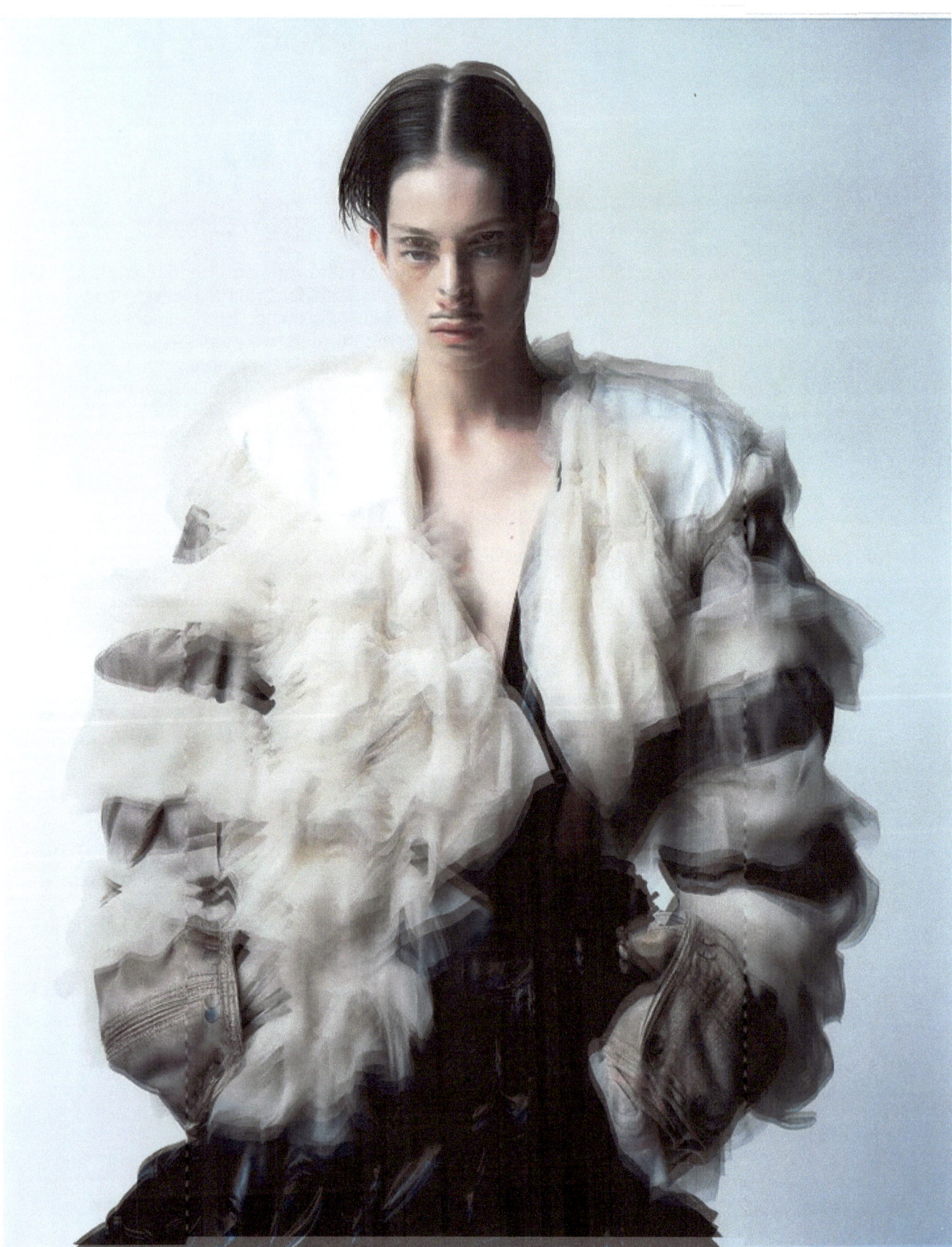

07: COPYRIGHT E CONSIDERAZIONI ETICHE

L'aumento dell'utilizzo dell'IA nell'immaginario di moda scatenerà ampie discussioni sul copyright e sulle questioni etiche.

Queste preoccupazioni comprendono la legalità dei diritti di immagine utilizzati nei set di dati di formazione, le ramificazioni etiche della creazione di modelli iperrealistici e la replica dei capi. Mentre queste sono questioni legali complesse che saranno combattute in tribunale, la mia esperienza suggerisce che la regolamentazione di tali tecnologie diventa impegnativa una volta che sono ampiamente accessibili (nei paesi liberali).

COME SARÀ L'INDUSTRIA

Mentre la fotografia tradizionale continua a svolgere un ruolo fondamentale, i contenuti generati dall'IA rivendicheranno una quota sempre maggiore del mercato. Questa tendenza ci porta verso un nuovo paradigma in cui ogni elemento creativo del contenuto sarà finemente sintonizzato, rapidamente e in modo conveniente. Insieme all'uso dell'analisi predittiva dell'IA per una migliore creatività informata sui dati, questo sviluppo spiazzerà la creazione di contenuti verso una mira più precisa, migliorando così notevolmente il ROI.

Tuttavia, una potenziale sfida sorge quando la creatività è prevalentemente guidata dalla ricerca e dai dati. Quando i concorrenti avranno accesso a dati simili, fare a fare solo su questo può diminuire il vantaggio competitivo dei marchi, portando a un panorama in cui troppi marchi potrebbero finire per produrre variazioni di contenuti simili.

Per distinguersi in questo ambiente dinamico, è fondamentale per i responsabili del marketing, le agenzie creative e gli artisti adottare strategie lungimiranti:

RESPONSABILI MARKETING

Assumi esperti e consulenti per integrare nuove tecnologie e conoscenze nei tuoi flussi di lavoro, semplificando la catena del valore.

Organizzare workshop per portare la conoscenza in-house, educando i dipendenti a trarre vantaggio da nuovi strumenti e tecnologie.

Prendi in considerazione l'incorporazione dell'IA nella produzione di contenuti di valore del marchio, contenuti di social media, e-commerce, cataloghi e Lookbook, specialmente se gestisci marchi che apprezzano l'innovazione e si rivolgono ai dati demografici più giovani.

AGENZIE CREATIVE

Guida il cambiamento assumendo professionisti dell'IA di diverso tipo: Data Scientist, marketer e AI Creatives. Essere lasciati indietro non è un'opzione in questo panorama in rapida evoluzione.

Costruisci competenze e richiedi ai tuoi dipendenti di utilizzare strumenti di intelligenza artificiale generativa all'avanguardia. Organizza workshop per educare i tuoi dipendenti.

Sfruttare il potere predittivo dell'analisi dell'IA.

Infondere questa tecnologia con la creatività umana e l'intuizione per creare contenuti che trascendono i limiti degli approcci puramente basati sui dati.

ARTISTI
Artisti della fotografia tradizionale

Fotografi professionisti di alto livello, registi, stilisti, direttori di casting, HMU e produttori continueranno a lavorare a un ritmo costante. Tuttavia, ci sarà un graduale spostamento verso contenuti incentrati su persone reali, narrazioni e approcci in stile documentario.

I creativi emergenti potrebbero prendere in considerazione la collaborazione con i creativi AI su progetti innovativi che fondono le competenze tradizionali con la tecnologia AI. Il lavoro assomiglierà sempre più a una consulenza creativa su estetica e tendenze.

Direttori d'arte digitale, artisti, artisti 3D, ritoccatori, designer

Rimani aggiornato con nuovi strumenti e tecnologie man mano che emergono.

Diventa creativo mescolando diversi software e tecniche: è in questo mix che saranno realizzati i migliori risultati.

Sviluppare un approccio olistico, poiché i ruoli emergenti richiederanno un mix di competenze tecniche e sensibilità allo zeitgeist.

Tutte le immagini in questo articolo sono AI Generate con Midjourney 6.0

Intelligenza artificiale nella moda: rimodellare l'intero settore

Esplora l'intersezione innovativa dell'intelligenza artificiale e della moda nel nostro articolo approfondito. Scopri come l'IA sta rivoluzionando la previsione delle tendenze, l'ottimizzazione della catena di approvvigionamento e l'esperienza del cliente nella vendita al dettaglio di moda. Scopri come tecnologie come ChatGPT e AI generativa stanno preparando il terreno per un settore della moda più personalizzato e diversificato.

Il ruolo dell'IA generativa nell'industria della moda

Mentre la fusione di tecnologia e moda continua ad evolversi, l'intelligenza artificiale (AI) sta rapidamente emergendo come una forza trasformativa nel settore della moda. Secondo l'analisi di McKinsey, l'IA generativa potrebbe aggiungere, in modo conservativo, $ 150 miliardi e fino a $ 275 miliardi ai settori dell'abbigliamento, della moda e del lusso ' profitti operativi nei prossimi 3-5 anni. Questa figura astronomica sottolinea il ruolo chiave che l'IA è destinata a svolgere nel *futuro della moda, non solo come disgregatore, ma anche come creatore di valore. Dalla previsione delle tendenze e dall'ottimizzazione delle catene di approvvigionamento alla personalizzazione dell'esperienza di acquisto e alla realizzazione di prove virtuali, il potenziale dell'IA nel rimodellare il panorama della moda è sostanziale e vario.*

Prevedere le tendenze

La moda è intrinsecamente legata alle tendenze; si tratta di tenere il passo con ciò che è caldo e cosa no. L'IA ha dimostrato di essere uno strumento inestimabile in questo aspetto, rivoluzionando il modo in cui i marchi anticipano e capitalizzano le tendenze della moda.

In che modo l'IA prevede le tendenze della moda? L'intelligenza artificiale può analizzare enormi quantità di dati, raccogliendo approfondimenti da varie fonti come piattaforme di social media, blog di moda, siti di vendita al dettaglio online ed eventi di moda globali. Questa analisi dei dati si estende a una serie di elementi, tra cui combinazioni di colori, scelte di tessuti, stili e persino preferenze di moda regionali. In tal modo, l'IA può individuare modelli e prevedere tendenze con una precisione impressionante.

Prendi, ad esempio, la multinazionale società tecnologica, IBM. Hanno collaborato con il Fashion Institute of Technology (FIT) e utilizzato AI per le capacità di moda, che consisteva in una serie di API create e formate appositamente per l'industria della moda. Queste API hanno sfruttato l'apprendimento profondo, l'elaborazione del linguaggio naturale e la visione del computer per supportare le aziende di moda nel migliorare l'esperienza del cliente, perfezionare la progettazione e lo sviluppo del prodotto, ottimizzare le attività di merchandising e pianificazione, e rafforzare l'analisi delle prestazioni della merce.

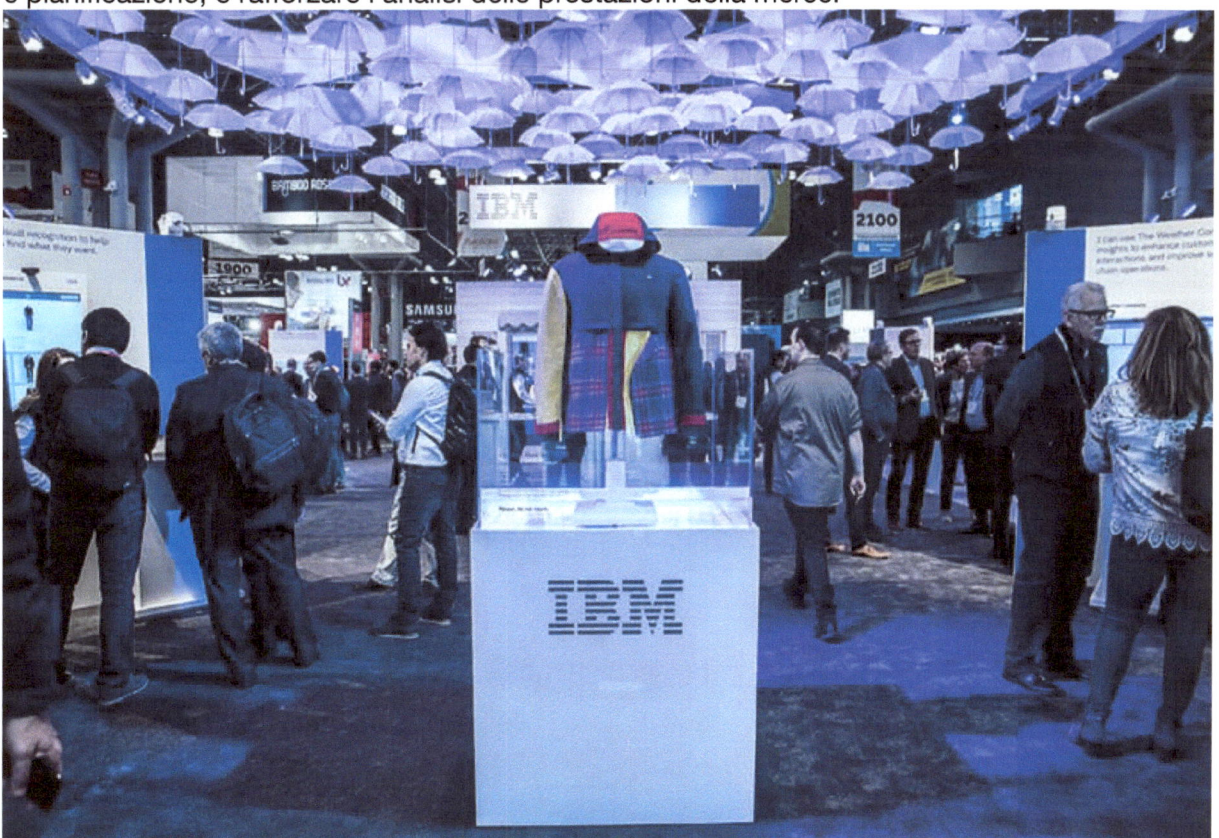

Un altro esempio è la piattaforma AI, Heuritech. Usano l'apprendimento automatico per analizzare milioni di immagini dai social media e dal web ogni giorno, aiutando marchi come Louis Vuitton e Dior ad anticipare le tendenze e allineare la loro produzione di conseguenza.

Allo stesso modo, Edited e WGSN, due importanti agenzie di previsione delle tendenze, utilizzano l'IA per analizzare i dati provenienti da siti di e-commerce, sfilate di moda e social media, fornendo approfondimenti fruibili ai marchi di tutto il mondo.

Sfruttando l'IA, l'industria della moda si sta trasformando da un'industria tradizionalmente reattiva a una proattiva e predittiva, aprendo la strada a un futuro più sostenibile e incentrato sul consumatore.

Ottimizzazione delle catene di approvvigionamento

La catena di approvvigionamento è stata uno degli aspetti più complessi e stimolanti del settore della moda. Dall'approvvigionamento di materie prime alla gestione dell'inventario per garantire una consegna efficiente, ogni passaggio è pieno di potenziale inefficienza e spreco. L'IA sta ora intervenendo per semplificare e ottimizzare questi processi, rivoluzionando il modo in cui opera l'industria della moda.

Gli algoritmi AI possono analizzare i dati storici per prevedere con precisione la domanda, consentendo una migliore gestione dell'inventario. Ciò può aiutare a ridurre al minimo la sovrapproduzione, un grosso problema nel settore della moda che contribuisce al danno ambientale. Producendo in linea con la domanda prevista, i marchi di moda possono ridurre gli sprechi e diventare più sostenibili.

Inoltre, l'IA può anche aiutare a gestire la logistica della catena di approvvigionamento. Ad esempio, i sistemi di intelligenza artificiale possono tracciare e analizzare i dati di spedizione, garantendo che i prodotti vengano consegnati nel modo più efficiente. Ciò non solo fa risparmiare tempo, ma riduce anche l'impronta di carbonio, rendendo la catena di approvvigionamento più sostenibile. In sostanza, sfruttando AI algoritmi nel commercio al dettaglio di moda assicura i prodotti giusti nelle giuste quantità al momento giusto, riducendo al minimo le scorte e i ribassi massimizzando al contempo la redditività.

Un esempio di intelligenza artificiale nell'ottimizzazione della catena di approvvigionamento è Li & Fung, un gestore della catena di approvvigionamento globale. Hanno sviluppato una piattaforma di catena di fornitura digitale che utilizza l'IA per connettere i rivenditori con i fornitori in tempo reale, fornendo visibilità end-to-end e rendendo la catena di fornitura più efficiente e reattiva.

Inoltre, marchi come H&M utilizzano l'IA per analizzare le entrate e i resi dei negozi, aiutandoli a regolare le quantità di ciascun capo per ciascun negozio. Questo tipo di analisi dei dati riduce le possibilità di avere troppi stock invenduti, ridurre i costi e promuovere la sostenibilità.

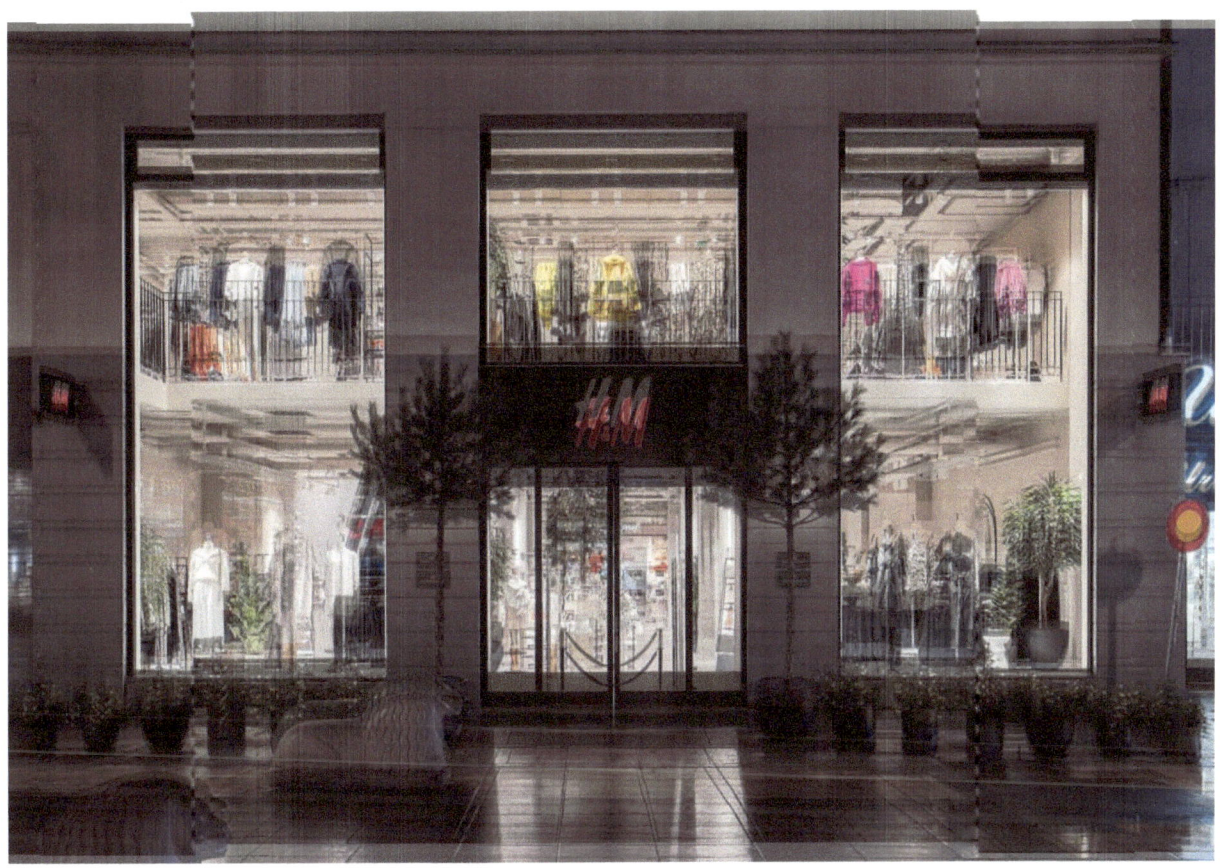

Fonte: FashionNetwork.com

L'intelligenza artificiale aiuta anche a reperire materie prime aiutando designer e produttori a trovare alternative sostenibili. Piattaforme come SourceMap utilizzano l'IA per fornire ai marchi informazioni sulla loro catena di approvvigionamento, incluso l'impatto ambientale delle loro scelte di materie prime.

Basandosi su questa trasformazione digitale, 3DLOOK sta rivoluzionando il modo in cui i marchi comprendono e soddisfano i propri clienti, forme e dimensioni uniche del corpo. Usare scansione del corpo mobile e AI, la nostra tecnologia fornisce misurazioni accurate del corpo e sofisticate analisi del corpo. Questi dati consentono una comprensione più profonda delle dimensioni del corpo dei loro clienti", offrendo preziose informazioni per una sviluppo del prodotto più efficiente e disegni di indumenti incentrati sul cliente. Allineando le specifiche del capo con i dati effettivi dei clienti, i marchi possono ridurre drasticamente il tempo e le risorse spesi per la produzione di campioni.

Inoltre, questa tecnologia crea modelli 3D basati sui dati del corpo, dei clienti, fornendo una comprensione precisa di come design e dimensioni diversi si adatteranno alle loro forme del corpo uniche. Questa capacità è particolarmente trasformativa nello shopping online, dove può ridurre significativamente la frequenza dei rendimenti a causa della scarsa vestibilità.

In sostanza, l'IA sta diventando uno strumento indispensabile per ottimizzare le catene di approvvigionamento, ridurre i costi, migliorare l'efficienza e promuovere la sostenibilità nel settore della moda. Con le sue capacità predittive e analitiche, è giusto affermare che l'IA è la nuova pietra angolare della moderna gestione della catena di approvvigionamento nel mondo della moda.

Personalizzare l'esperienza di acquisto

Nell'era dell'e-commerce, la personalizzazione è diventata un potente strumento per i rivenditori e l'IA è in prima linea in questa rivoluzione. AI sta aiutando i marchi di moda a personalizzare l'esperienza di acquisto in modi precedentemente impensabili, fornendo raccomandazioni personalizzate basate sul comportamento, le preferenze e la cronologia dello shopping dei singoli clienti.

Ad esempio, ASOS, un rivenditore online di moda e cosmetici, utilizza l'IA per personalizzare l'esperienza di acquisto per ogni utente. Il loro sistema basato sull'intelligenza artificiale suggerisce articoli di abbigliamento basati sui precedenti acquisti e comportamenti di navigazione del cliente, rendendo l'esperienza di acquisto più pertinente e piacevole.

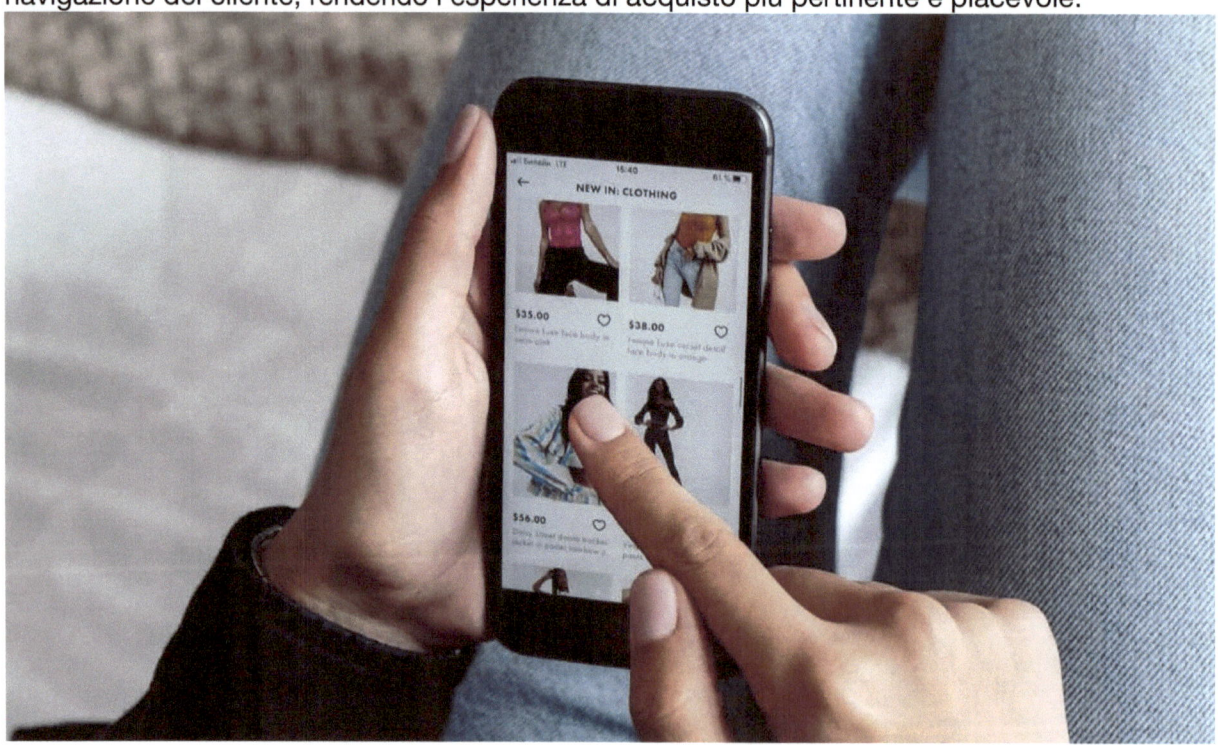

Fonte: raccomandare

Thread.com, una startup con sede nel Regno Unito, utilizza l'IA in combinazione con stilisti umani per fornire consigli di stile personalizzati e consigli di abbigliamento per i propri clienti. I clienti condividono le loro preferenze, dimensioni e fascia di prezzo e gli algoritmi AI, in collaborazione con stilisti umani, curano un'esperienza di acquisto personalizzata per ogni cliente.

Amazon, leader nel commercio elettronico, utilizza l'IA per offrire consigli sui prodotti, aiutando i clienti a scoprire nuovi articoli in linea con il loro stile e le loro esigenze. Questa personalizzazione aumenta la soddisfazione del cliente e aumenta le vendite, poiché i clienti hanno maggiori probabilità di acquistare articoli su misura per le loro preferenze.

Nel frattempo, la tecnologia FashionAI di Alibaba fornisce raccomandazioni personalizzate su mix and match nei negozi fisici. I clienti possono scegliere un articolo e l'IA suggerirà altri pezzi per completare il look, creando un'esperienza di acquisto senza soluzione di continuità e coinvolgente su piattaforme online e offline.

E non sono solo i grandi rivenditori a trarne vantaggio. Le piccole e medie imprese della moda stanno anche sfruttando l'IA per personalizzare le loro offerte. App come Easysize aiutano i negozi di moda online a offrire consigli di dimensioni personalizzate ai propri clienti, riducendo i rendimenti e migliorando la soddisfazione dei clienti.

3DLOOK è un altro esempio di come la tecnologia avanzata sta rimodellando il panorama della personalizzazione nella moda. Abbiamo sviluppato una soluzione unica per la raccolta dei dati sul corpo dell'acquirente, che aiuta ad aumentare l'accuratezza delle raccomandazioni personalizzate. La tecnologia utilizza questi dati del corpo per mappare le misurazioni dell'utente sulla tabella delle taglie del marchio e sui dati dell'indumento. Il risultato è una raccomandazione di dimensioni personalizzate per ogni capo, migliorando la fiducia del cliente nel suo acquisto. Usando 3DLOOK's YourFit soluzione, i marchi possono eventualmente ottenere un aumento del 13-16% dei tassi di conversione e un aumento del 20-25% del loro valore medio dell'ordine.

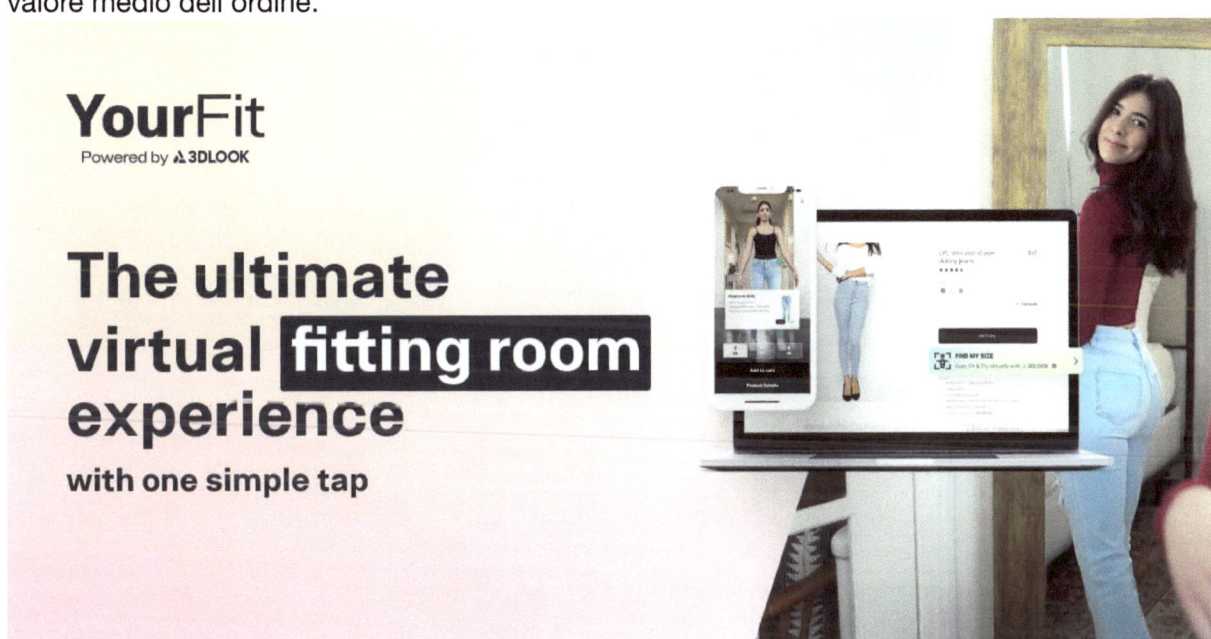

Garderobo AI, ad esempio, un fornitore di servizi di styling basati sull'intelligenza artificiale, offre ai marchi di moda un'eccezionale opportunità per migliorare la loro esperienza di shopping online. Attraverso raccomandazioni personalizzate sui prodotti presentate in formati esteticamente accattivanti come " Total Look " collage e display " Carousel ", i clienti possono scoprire senza sforzo articoli complementari che completano l'aspetto desiderato. Incorporando queste soluzioni innovative, i marchi di moda possono prevedere notevoli miglioramenti negli indicatori chiave di prestazione, tra cui un aumento dei valori medi degli ordini (AOV), dei tassi di conversione e del coinvolgimento complessivo dei clienti.

In sostanza, utilizzando l'IA per personalizzare il viaggio di shopping, i marchi stanno migliorando l'esperienza del cliente, promuovendo la fidelizzazione dei clienti e aumentando le vendite. In un mercato della moda sempre più competitivo, la personalizzazione sta diventando non solo un lusso, ma una necessità.

Il vantaggio dell'IA: come l'IA sta risolvendo i problemi per i maggiori rivenditori del mondo

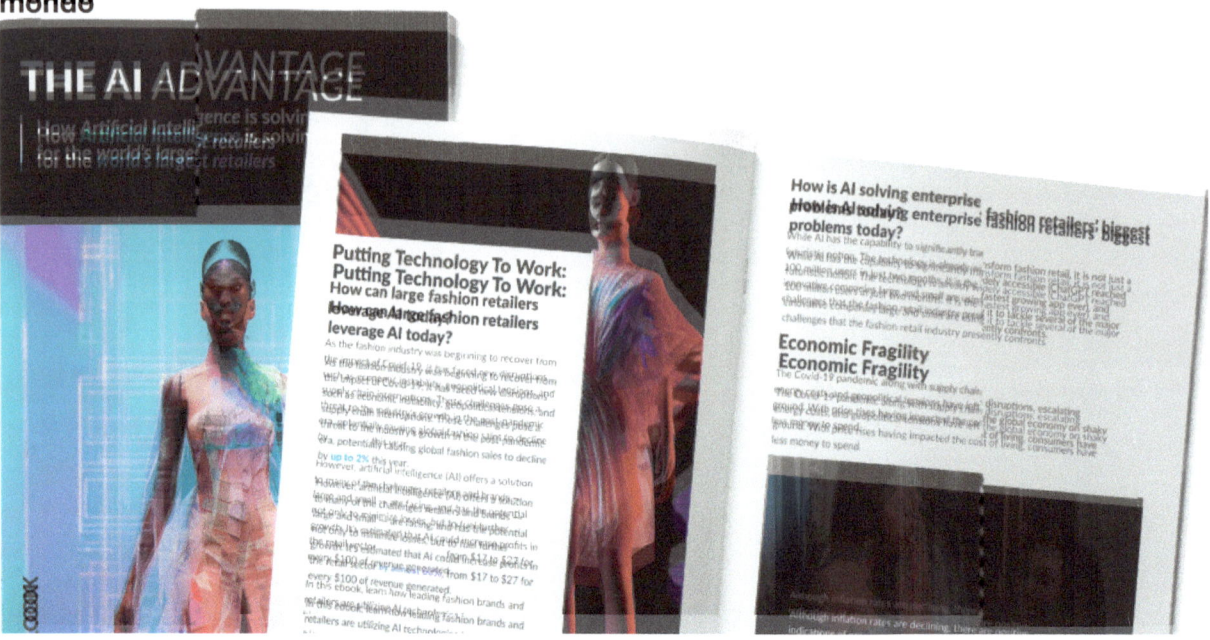

Combattere prodotti falsi

L'intelligenza artificiale viene utilizzata per autenticare gli articoli, contribuendo a prevenire la vendita di prodotti di moda contraffatti, tra cui scarpe e borse.

Due domande possono aiutare a evitare queste situazioni imbarazzanti. Una delle applicazioni che aiuta a evitare queste situazioni imbarazzanti è stata creata da Deloitte, con l'obiettivo di identificare le violazioni del design. Soprannominato " Dupe Killer, " questo strumento setaccia vaste trame di immagini per individuare elementi di design sottili ma distintivi come i contorni di un oggetto, i colori specifici o persino i motivi di cucitura unici.

Altre soluzioni sfruttano la visione del computer per autenticare articoli autentici. Questa tecnologia aiuta i funzionari doganali e altri all'interno della catena di approvvigionamento a scoprire prodotti contraffatti.

Prove virtuali: la soluzione basata sull'intelligenza artificiale nella vendita al dettaglio di moda

Nel regno dello shopping online, provini virtuali stanno ridefinendo l'esperienza del cliente, colmando il divario tra lo shopping online e in negozio eliminando le incertezze su vestibilità e dimensioni. L'intelligenza artificiale è stata determinante nel consentire queste cambiamento, con soluzioni rivoluzionarie come YourFit e Mobile Tailor all'avanguardia.

YourFit offre un'impressionante applicazione della tecnologia AI e 3D per visualizzare come i vestiti si adattano al corpo di un cliente. I clienti caricano semplicemente due foto di se stessi e YourFit genera un modello 3D preciso, consentendo agli acquirenti di provare praticamente

" vari articoli di abbigliamento. È come avere un camerino personalizzato sullo schermo, rendendo lo shopping online più coinvolgente ed efficiente.

Sartoria mobile aumenta ulteriormente l'esperienza di shopping online. Descritto come una soluzione di misurazione del corpo umano all'avanguardia, Mobile Tailor sfrutta la potenza dell'IA per generare istantaneamente un modello 3D accurato insieme a oltre 80 misurazioni precise, tutto da due foto scattate su qualsiasi fotocamera per smartphone.

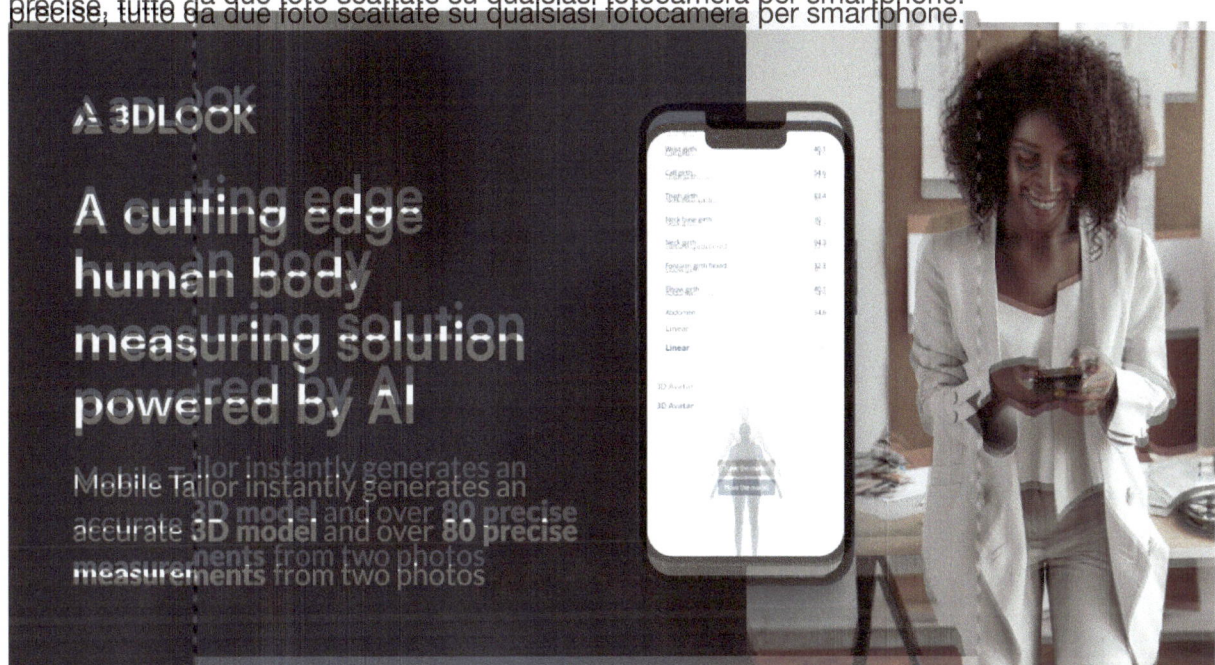

Entrambe queste tecnologie migliorano significativamente l'esperienza di acquisto online. Riducono inoltre sostanzialmente la frequenza di resi e scambi, un problema prevalente per i rivenditori di moda online. Ora, i clienti possono godere della comodità e del comfort dello shopping da casa senza la preoccupazione di adattarsi. È un enorme balzo in avanti nel mondo dello shopping online, tutto grazie all'IA!

Raccomandazioni basate sull'intelligenza artificiale

Ti sei mai chiesto come i negozi online sembrano anticipare i tuoi desideri? Bene, questa è la magia dell'IA. I sistemi di raccomandazione alimentati dall'IA analizzano i dati dei clienti per proporre prodotti che fanno eco al loro stile e alle loro preferenze personali. Ad esempio, considera il marchio di lusso, Zegna. Hanno portato le raccomandazioni basate sull'IA a un livello completamente nuovo di suggerendo prodotti e abiti alla loro clientela di fascia alta.

Per raggiungere questo obiettivo, Zegna ha combinato brillantemente le competenze dei suoi collaboratori di negozio, con un sistema di raccomandazioni basato sull'intelligenza artificiale. Questo sistema avanzato include un configuratore 3D in grado di creare incredibili combinazioni di 49 miliardi di potenziali outfit. È come avere il tuo stilista personale di alta moda con una gamma infinita di opzioni. Questi suggerimenti su misura fanno parte di Zegna X, un'app di sensibilizzazione che inizialmente è iniziata come programma pilota negli Stati Uniti nel 2021 prima di raggiungere la distribuzione globale.

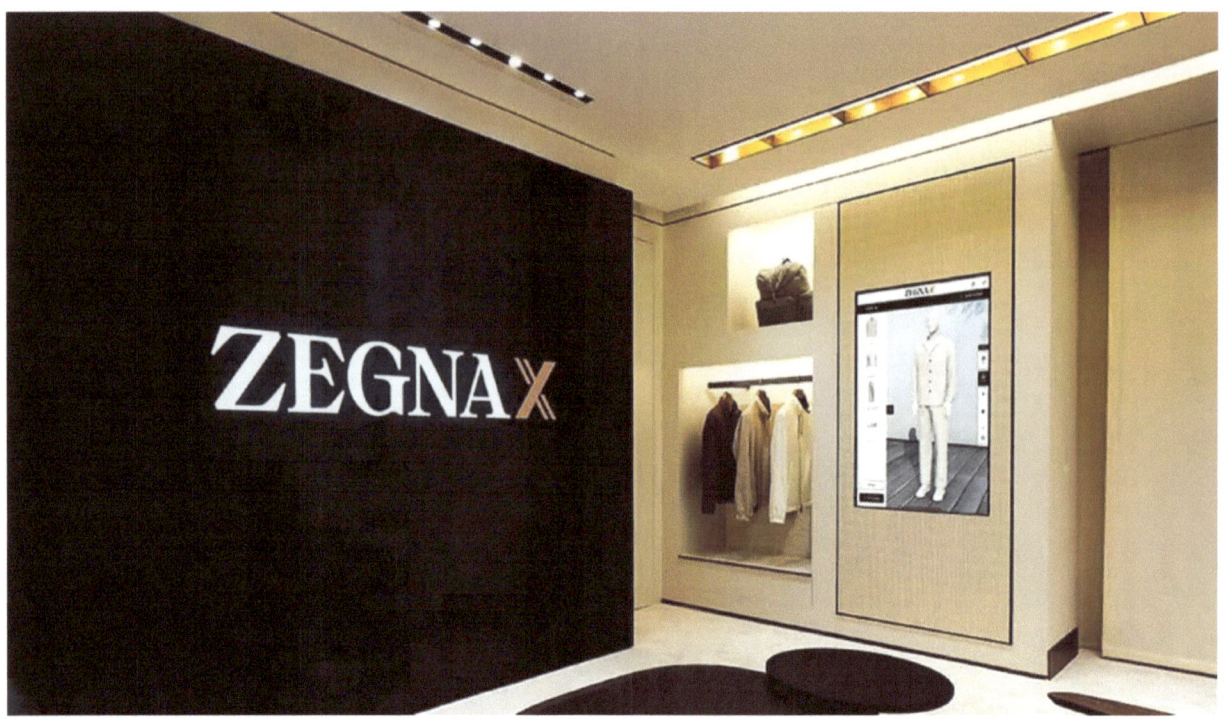

Fonte: Vogue Business

Il risultato? Un'esperienza di acquisto più soddisfacente che tiene conto del tuo stile e gusto unici. E per i rivenditori, si traduce in un aumento significativo delle vendite. È un esempio notevole di come l'IA continui a ridefinire l'esperienza di acquisto, rendendola altamente personalizzata e coinvolgente. Man mano che acquisti di più, il sistema impara di più su di te, perfezionando i suoi consigli e migliorando il tuo percorso di shopping.

3DLOOK utilizza un approccio meticoloso e ad alta intensità di dati per fornire dimensioni e raccomandazioni adeguate. Iniziamo raccogliendo dati standard di adattamento specifici del marchio, includendo le misure del corpo centrale da forme idonee, avatar e modelli live, oltre a specifiche regole di classificazione. Ciò fornisce una comprensione completa degli standard di dimensionamento e adattamento unici del marchio. Allo stesso tempo, analizziamo pacchetti tecnologici specifici per la stagione o la collezione per ottenere informazioni sull'intento adatto di ogni capo. Utilizzando questi dati, i nostri algoritmi di raccomandazione dimensionale funzionano insieme alla tecnologia di scansione del corpo mobile basata sull'intelligenza artificiale per mappare i dati di abbigliamento specifici del marchio sui dati univoci del corpo del cliente e le preferenze di adattamento. Il risultato finale è un suggerimento su misura per ogni capo che migliora l'esperienza di acquisto del cliente fornendo una vestibilità perfetta. Richiedi una demo ed esplora tutti i vantaggi delle nostre soluzioni.

AI nel marketing di moda
L'intelligenza artificiale sta causando un cambio di paradigma nel campo del marketing di moda, consentendo un nuovo livello di personalizzazione ed efficienza precedentemente inimmaginabile. Ecco alcuni casi d'uso che illustrano il potere trasformativo dell'IA nel marketing di moda:
1. **Marketing personalizzato:** L'intelligenza artificiale può analizzare i dati dei clienti, inclusi acquisti passati, cronologia di navigazione e attività sui social media per creare

campagne di marketing altamente mirate. Queste raccomandazioni personalizzate aumentano il coinvolgimento dei clienti e aumentano le vendite.

2. **Analisi predittiva:** L'intelligenza artificiale può prevedere il comportamento futuro dei clienti in base ai dati passati. Ciò consente ai marchi di anticipare le esigenze dei clienti e commercializzare i loro prodotti di conseguenza, ottimizzando le vendite e migliorando la soddisfazione dei clienti.

3. **Acquisto di annunci automatizzato:** L'intelligenza artificiale può gestire la pubblicità programmatica, in cui acquista automaticamente lo spazio pubblicitario in tempo reale, indirizzando specifici segmenti di clientela e ottimizzando la spesa pubblicitaria. I marchi di moda che utilizzano AI per campagne pubblicitarie possono favorire il coinvolgimento, le conversioni e la fedeltà del marchio, massimizzando il ROI.

4. **Chatbot:** I chatbot basati sull'intelligenza artificiale possono interagire con i clienti, rispondere alle domande e fornire raccomandazioni personalizzate, migliorando così l'esperienza di acquisto e il coinvolgimento dei clienti.

Ora, diamo un'occhiata ad alcuni esempi del mondo reale. Tommy Hilfiger, in collaborazione con IBM e il Fashion Institute of Technology, ha sfruttato l'IA per analizzare una miscela di dati di moda, che è stato utilizzato per progettare nuove collezioni e creare campagne di marketing altamente mirate.

Stitch Fix, il servizio di styling online, utilizza l'IA per adattare il proprio marketing alle preferenze dei singoli clienti. I loro algoritmi di intelligenza artificiale analizzano il feedback e le preferenze dei clienti per inviare raccomandazioni di outfit altamente personalizzate, migliorando il coinvolgimento dei clienti e aumentando le vendite.

In sostanza, questi esempi evidenziano come l'IA sta ridefinendo il marketing di moda, fornendo ai marchi un potente strumento per interagire con i propri clienti in modo personalizzato, efficiente e di grande impatto.

ChatGPT in moda

I modelli di intelligenza artificiale come ChatGPT possono cambiare il gioco nel settore della moda. Con le loro avanzate capacità di elaborazione del linguaggio naturale, possono offrire una moltitudine di vantaggi sia ai rivenditori che ai clienti.

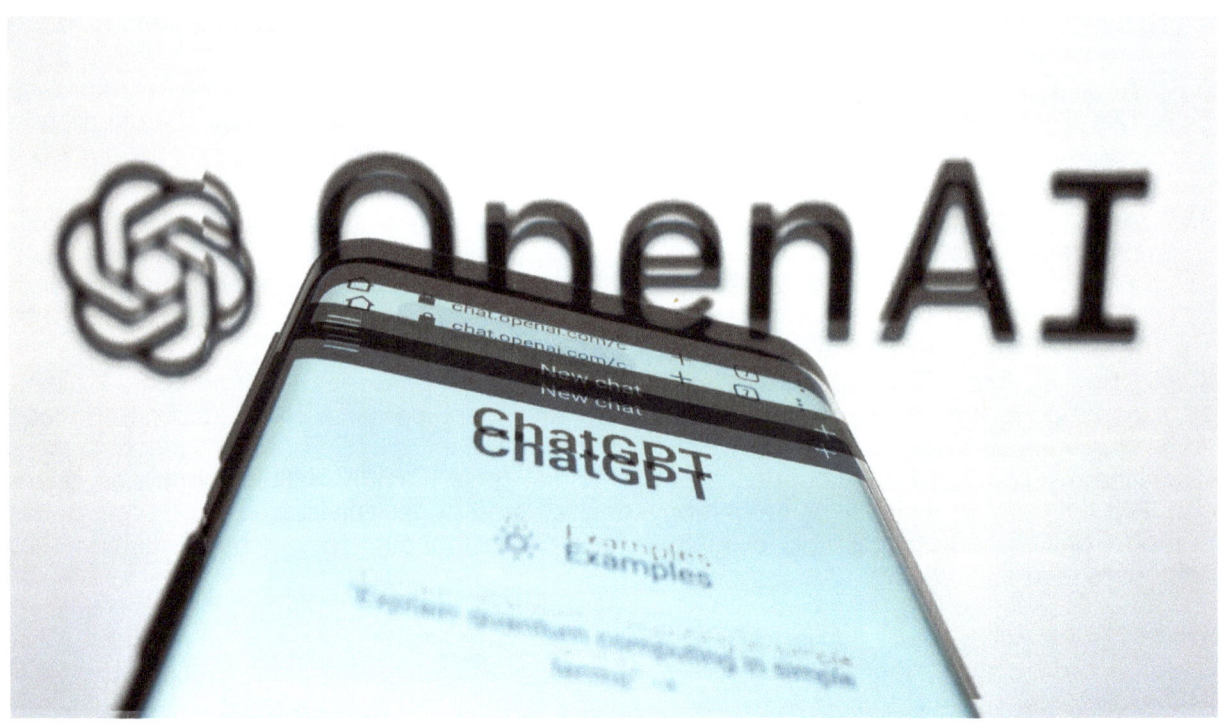

Fonte: solo stile

Immagina uno stilista basato sull'IA che è disponibile 24 ore su 24, 7 giorni su 7 per aiutare i clienti a trovare l'abito perfetto, rispondere a domande su dimensioni e vestibilità, fornire consigli sullo stile e persino suggerire articoli di moda di tendenza. Questo è esattamente ciò che ChatGPT può fare. Integrando ChatGPT nelle piattaforme di e-commerce, i marchi possono fornire assistenza personalizzata e in tempo reale ai clienti, migliorando la loro esperienza di acquisto.

Inoltre, ChatGPT può essere utilizzato per analizzare il feedback e le recensioni dei clienti, fornendo preziose informazioni ai marchi. Comprendere ciò che i clienti dicono sui loro prodotti può aiutare i marchi a migliorare le loro offerte e rispondere più rapidamente alle tendenze emergenti.

ChatGPT può anche essere utilizzato per creare contenuti coinvolgenti per i marchi di moda, dalle descrizioni dei prodotti ai post di blog sulle ultime tendenze della moda. La sua capacità di generare testo simile all'uomo può essere uno strumento prezioso per i marchi che desiderano connettersi con il proprio pubblico e promuovere i propri prodotti.

In sostanza, le capacità di ChatGPT possono consentire un'esperienza di acquisto più personalizzata, efficiente e coinvolgente nel settore della moda, soddisfacendo le esigenze in evoluzione del cliente moderno.

Considerazioni etiche sull'uso dell'IA nel settore della moda

Man mano che l'IA diventa sempre più integrata nel settore della moda, i rivenditori dovrebbero prendere sul serio le considerazioni etiche relative alla privacy dei dati e alla distorsione algoritmica. Le aziende devono considerare come bilanciare efficacemente i vantaggi dell'efficienza e dell'innovazione con un uso equo dei dati dei clienti ", dato che sono sempre più consapevoli e attivi riguardo ai loro diritti alla privacy.

Trasparenza e responsabilità dovrebbero essere le priorità relative intelligenza artificiale nella vendita al dettaglio di moda, garantendo che questi strumenti vadano a beneficio sia dei consumatori che delle aziende, riducendo al minimo i rischi potenziali e le conseguenze indesiderate, come le violazioni dei dati che rivelano agli utenti' informazioni biometriche.

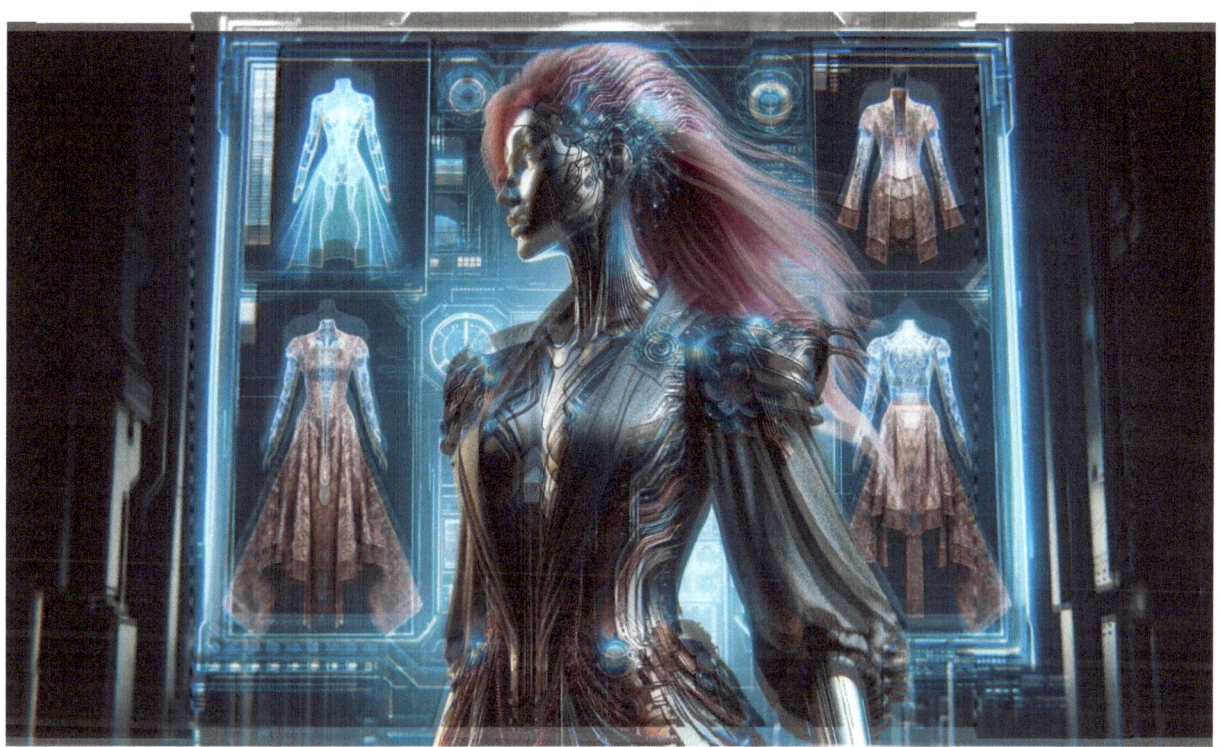

Conclusione

Mentre assistiamo alla fiorente collaborazione tra AI e l'industria della moda, è evidente che l'orizzonte delle possibilità è illimitato. La moda dell'intelligenza artificiale è molto più di una tendenza fugace; è l'alba di una nuova era, quella in cui l'IA autorizza i marchi a prevedere con precisione le tendenze, ottimizzare le catene di approvvigionamento, personalizzare le esperienze di acquisto, e fornire raccomandazioni basate sull'IA. AI nella moda probabilmente rimodellerà il settore, guidando l'efficienza, la sostenibilità e la creatività.

Mentre la trasformazione è ancora nascente, il potenziale dell'IA nel settore della moda è immenso. Promette un futuro in cui sostenibilità, soddisfazione del cliente ed efficienza operativa saranno in prima linea nel settore della moda. L'intelligenza artificiale nella moda è un esempio di come la tecnologia può guidare una significativa innovazione e crescita promuovendo contemporaneamente sostenibilità e centralità del cliente.

Note

01 - *L'industria sta innovando a un ritmo tale che se si legge questo pezzo tra pochi mesi, alcuni dei contenuti potrebbero già essere obsoleti, in particolare a livello tecnologico di analisi. Tuttavia, il quadro generale, in particolare in termini di approfondimenti e traiettoria del settore, rimarrà rilevante.*

02 — *I progettisti avanzati di prompt e altri potrebbero trovare alcune spiegazioni in questa analisi un po' troppo semplificate. L'intenzione qui non è quella di servire come guida completa o di approfondire i dettagli tecnici.*

03 - *Va da sé che, sebbene questa analisi non si concentri principalmente sulla fotografia commerciale, la maggior parte dei concetti spiegati si applica ancora. La differenza principale sta nel fatto che la fotografia commerciale serve diversi casi d'uso ed è spesso pronta per l'uso immediato. Ad esempio, una parte significativa dell'immaginario creato per entità come una catena di hamburger può già essere effettivamente prodotta utilizzando l'IA.*

04 — *Riconosco che limitare la portata della fotografia di moda al fotorealismo può sembrare riduttivo, soprattutto dato il potenziale dell'IA di ampliare gli orizzonti creativi del campo. Tuttavia, credo che i principali motori dell'innovazione industriale non saranno gli esperimenti visivi più spigolosi. Inoltre, anche quando questi esperimenti visivi incorporano il fotorealismo, creano una connessione emotiva che aumenta il loro impatto.*

05 — *Ci sono numerosi strumenti di intelligenza artificiale generativa disponibili, come Adobe Firefly, DALL·E 3, Leonardo AI, AI generativa di Getty Images, Canva AI e altri. Inoltre, ci sono potenziatori AI come Topaz AI, Gigapixel, ecc. Sono fiducioso che alcuni di questi strumenti, o forse nuovi, avranno scoperte ed emergeranno come valide alternative a Midjourney nel prossimo anno. Tuttavia, a ora, Midjourney non ha eguali in termini di qualità dei risultati e continua a impostare l'asticella in alto.*

06 — *"Regressione alla media" nel contesto degli strumenti di intelligenza artificiale generativa da testo a immagine si riferisce alla propensione degli strumenti a produrre immagini che si allineano con le caratteristiche più comuni o medie trovate nei loro dati di allenamento. Questo fenomeno è il risultato di diversi fattori chiave:*

Dati di formazione: gli strumenti di intelligenza artificiale sono addestrati su ampi set di dati con una vasta gamma di immagini, spesso contenenti temi, stili, soggetti e composizioni prevalenti.

Output medio: l'IA si basa sui suoi dati di allenamento per rispondere alle richieste, in genere generando immagini che rispecchiano la media del suo allenamento. Questo spesso si traduce in rappresentazioni visive comuni e tipiche.

Creatività e limitazione della diversità: gli output possono mancare di diversità e creatività, in particolare se i dati di formazione sono inclinati verso stili convenzionali e popolari. Le nuove rappresentazioni potrebbero essere sottorappresentate.

Implicazioni per l'utente: gli utenti che cercano immagini uniche o non convenzionali potrebbero dover fornire suggerimenti dettagliati e potrebbero dover sottoporsi a diverse iterazioni o utilizzare immagini di riferimento per indirizzare l'IA verso output più unici.

Sviluppo in corso: per mitigare questa limitazione, gli sforzi in corso si concentrano sulla diversificazione dei set di dati di formazione e sulla raffinazione degli algoritmi, migliorando la capacità dell'IA di produrre risultati più vari e creativi.

In sostanza, la "regressione alla media" evidenzia una tendenza negli strumenti di intelligenza artificiale text-to-image di default verso la generazione di immagini più medie o tipiche, influenzate dalle caratteristiche comuni dei loro set di dati di formazione, potenzialmente limitando la diversità e l'unicità degli output.

07 - La "Uncanny Valley" si riferisce a un fenomeno in cui le rappresentazioni digitali degli esseri umani o dei personaggi umanoidi diventano stranamente realistiche, ma hanno ancora sottili imperfezioni che le fanno sembrare innaturali o inquietanti. Ciò si verifica nelle immagini generate dall'IA quando l'aspetto dei personaggi è molto vicino agli umani reali ma non perfetto, causando un senso di disagio o inquietudine negli spettatori. Questo effetto può essere una sfida significativa nella creazione di immagini realistiche simili all'uomo con l'IA, poiché più le immagini si avvicinano alla vera somiglianza umana, più pronunciati possono diventare i sentimenti inquietanti se non sono assolutamente realistici.

Considerazioni tecniche sull'uso improprio del termine AI

È tutta colpa del nome. Perché da un lato è vero quel che **Giulietta diceva al suo Romeo**: *"Cosa c'è in un nome? Quella che chiamiamo rosa, con qualsiasi altra parola avrebbe un profumo altrettanto dolce"*. Dall'altro però se usiamo una parola in particolare per descrivere un oggetto, **lo coloriamo di significato.**

Infatti, i latini dicevano invece *nomen omen*, cioè "un nome, un destino". E chiamare la "intelligenza artificiale" così, cioè "intelligenza artificiale", **genera un "destino" del termine**, nel senso che ispira nelle menti di chi ne sente parlare dei pre-giudizi. Sono delle aspettative, delle vere e proprie predisposizioni da parte di chi legge "AI" rispetto a quelle che potrebbe suscitare con altri nomi (**"sistema esperto", ad esempio**). "AI" ci fa pensare che sia "intelligente". E questo, come vedrete leggendo qui di seguito, è un problema. Un grosso problema.

Intelligente in che senso

Ci sono vari motivi per dire che **le AI non sono "intelligenti"**. Intanto, perché non abbiamo una definizione di "intelligenza". **A partire dal fatto che ne esistono comunque di vari tipi** e che ulteriori vengono identificate dai neuroscienziati o considerati parti di altre più generali. E non parliamo poi della **"coscienza"**. Abbiamo varie teorie della mente, ma nessuna che sia conclusiva.

Inoltre, **i test fatti sugli umani e sugli animali** misurano in maniera spesso anche molto arbitraria cose che sono comunque molto diverse tra di loro e per di più transitorie (nel senso che cambiano di epoca in epoca).

Infine, nella nostra società abbiamo sviluppato una forte attitudine a ritenere i numeri "oggettivi" (**come se la matematica fosse una essenza di per sé e non un linguaggio**) e quindi li applichiamo su qualsiasi cosa per dire che è "vera". Alla domanda: possiamo misurare il quoziente di intelligenza? Molti rispondo "certo", solo perché abbiamo dei test e dei punteggi per farlo. Cosa misurino e se queste misure hanno senso è diventato irrilevante. **La cosa importante sono i numeri. Grazie a loro possiamo non solo dire che l'intelligenza è "una cosa", ma anche dire quanta ce n'è, quando è di più e quando è di meno**. Secondo la scienza no, non possiamo dirlo così, ma per il resto delle persone (e dei mercati economici) avere dei numeri basta e avanza a rendere tutto oggettivo. Spostando così il piano della discussione da "Cos'è l'intelligenza" a "Quanta intelligenza c'è oggi rispetto a ieri? E in un animale rispetto a un uomo? E nei computer?".

L'idea sventurata

In particolare, la scelta sventurata fatta quasi settant'anni fa di chiamare le nuove tecnologie informatiche "**intelligenza artificiale**", ha come conseguenza quella di farci pensare che esse = le macchine = siano intelligenti. La data fatidica di nascita ufficiale è il **1956**, l'anno cioè in cui si tenne un oramai famoso seminario estivo al **Dartmouth College di Hanover nel New Hampshire**.

Venne così fondata la nuova disciplina, stabilendo una base, programmi e idee di un campo che faceva parte dell'informatica. **Perché, non dimentichiamola, lo studio e implementazione dell'intelligenza artificiale tale è: parte dell'informatica**. Tuttavia, nelle intenzioni il settore delle AI avrebbe dovuto coordinare e dare maggior senso a degli sforzi che si possono far risalire addirittura a Leibniz e ai proto-scienziati che avevano provato a realizzare automi "logici" teorici o anche pratici sin dall'antichità. In realtà non bisogna sbagliarsi: queste ricerche e il loro progresso è dipeso in tutto e per tutto dallo sviluppo della scienza informatica. La scelta di chiamarla "intelligenza artificiale", alquanto dibattuta all'epoca, dette il via alle sviluppo di grandi aspettative (macchine coscienti e pensanti come se non meglio dell'uomo) che si rivelarono presto fallaci e **portarono a quello che è stato definito "l'inverno dell'intelligenza artificiale"**, intendendo un lungo periodo in cui i fondi accademici si ridussero drasticamente così come l'interesse dei giovani scienziati a occuparsi dei problemi di ricerca di questo settore, che veniva considerato come **una specie di ramo secco dell'indagine scientifica**.

Questo sino a quando **un piccolo gruppo di quattro ricercatori di Google** non ha sviluppato tecniche nuove per un particolare sotto-tipo di intelligenza artificiale che **poi quelli di OpenAI** hanno sviluppato e commercializzato a tempo di record. Si tratta di ChatGPT, un chatbot di tipo GTP, che vuol dire **Generative Pretrained Trasnformer**. Il Transformer,

"trasformatore", è l'architettura sviluppata dai ricercatori di Google molto efficiente per l'elaborazione del linguaggio naturale (capire cosa gli viene detto e rispondere in maniera comprensibile). Il sistema è stato pre-addestrato con un metodo di apprendimento supervisionato che ha creato un Modello linguistico di grandi dimensioni (LLM) grazie agli algoritmi di Deep Learning, un tipo di reti neurali.
E il resto è storia. Oppure no?

Il collasso della civiltà Occidentale?
L'arrivo di ChatGPT ha provocato una fiammata fra le più spettacolari nel mondo della tecnologia e, a ruota, nella finanza e poi nella società. All'improvviso, dopo la pandemia, trovarsi davanti a un computer capace di capire e rispondere come un essere umano ha fatto esplodere la testa a tutti.
È partita, come conseguenza di una tecnologia strepitosa, una bella ancora più spettacolare. Che ci ha travolti e ancora lo sta facendo. Soprattutto perché non mettiamo bene a fuoco un aspetto fondamentale dell'intelligenza artificiale: a cosa serve.
Attenzione, qui di seguito non vogliamo dire che non esista l'intelligenza artificiale (quel particolare sotto-insieme della disciplina che sta avendo successo a partire da ChatGPT). Tutt'altro. O dire che non sia utile. Tutt'altro. Ma solo dire che fraintenderla è un errore enorme, e che questo porta a distorsioni che si amplificano nel tempo in maniera particolarmente dannosa.

Una vale uno, oppure no?
L'AI dovrebbe essere vista come uno strumento di supporto agli esseri umani anziché un modo per rimpiazzarli. Uno strumento che aiuta nei processi di analisi dei dati o di progettazione e non un rimpiazzo per il pensiero umano.
Mettiamola in un altro modo: credere che "intelligenza artificiale" voglia dire avere un computer che è "intelligente" spinge verso l'errore di ritenere che quel computer possa in qualche modo essere una alternativa a un essere umano reale sul lavoro. Perché uno dei criteri che si hanno per la scelta del personale è certamente quello della "intelligenza", intesa anche come preparazione e tutto il resto) e, potrebbero argomentare dirigenti, imprenditori e uffici delle risorse umane, se il computer diventa intelligente quanto la persona, allora per alcuni compiti può sostituirla.
Questo è un errore, ma non per i motivi sindacali che possono (e giustamente vengono) fatti notare in questi casi. È invece proprio un errore di sbaglio.

Il giardino della conoscenza
Non è uno sbaglio che riguarda solo l'AI: si possono fare anche altri esempi per capire in maniera semplice perché affidarsi al "giudizio" delle AI sia sbagliato. Prendiamo come esempio i sistemi di gestione della conoscenza personale, i PKM. L'idea è che questi contenitori delle nostre note, dei nostri appunti, dei nostri "pezzetti" di conoscenza, possano essere messi in rete fra loro e generare una serie di relazioni che poi, in un secondo momento, ci sono utili per fare altre cose: scrivere un articolo o un libro, prendere una decisione in ufficio e via dicendo.
L'idea sbagliata è quella di credere che l'intelligenza sia una "cosa" e che questa "cosa" sia la somma delle note e i legami che si possono ottenere dal sistema. Invece, l'intelligenza è il processo di creazione (fatto da noi) di quelle note e la relazione che costruiamo, con una serie di iterazioni successive dell'analisi dei legami fra le singole note. L'intelligenza è un processo, non uno stato, e le note sono il presupposto di quel processo, non il suo risultato.

In altre parole, **se prendiamo solo il risultato delle nostre note legate fra loro automaticamente**, non abbiamo imparato niente. Qual è il vantaggio di avere tantissime note e aver automatizzato la loro aggregazione con tag e grafici e curve di ricorrenza? Abbiamo ancora più dati ma non abbiamo pensato di più. Serve il nostro lavoro di creazione delle note e lo sforzo di analisi e apprendimento. Lo strumento ci può aiutare, ma se ci sostituisce e fa il lavoro per noi il risultato è che abbiamo contemporaneamente **sia il prodotto finale** che **zero capacità di farlo noi**. Un bel paradosso, no?

Allora cos'è l'AI? Uno strumento, un assistente per noi che facciamo le cose? Ma in quale modo e con quale rischi? **Ed entro quali limiti?**

La macchina che fa da sola la rivoluzione (industriale)

Il tema profondo è il "deskilling", cioè la eliminazione degli skill, che **in italiano chiamiamo più semplicemente "dequalificazione"**. Non è una novità, è già successo con il passaggio dalla produzione artigianale in serie, fatta da **artigiani altamente specializzati ma inevitabilmente lenti**, alla produzione in serie automatizzata per quanto possibile con **operai non specializzati che azionavano semplicemente le macchine** e facevano da "colla" tra il passaggio da una linea a un'altra, o nelle fase di semplice montaggio dei pezzi prodotti automaticamente.

La storia del dequalificazione dell'avvocato del futuro è semplice. L'AI viene indicata come uno strumento capace di eliminare i lavori più stupidi e ripetitivi. **Facilitare le cose che si possono fare in maniera creativa.** E qui c'è sempre molta enfasi sulle professioni creative che all'improvviso emergono come le più produttive e remunerate perché **non c'è più bisogno di competenze "hard"**, frutto di studi sistematici e molto concreti su ingegneria, chimica, fisica, ma anche architettura, economia, diritto e via dicendo.

LA storia dell'avvocato e dell'AI

Un esempio sono gli assistenti intelligenti per gli avvocati del futuro, che eliminino il bisogno di fare tutte quelle ricerche noiosissime tra gli atti dei processi e la normativa, **Oggi generalmente affidati ai giovani praticanti e agli avvocati più giovani dei grandi studi.** Con il problema che, tolto quel lavoro ai giovani, si perde completamente il meccanismo di apprendimento e socializzazione al lavoro.

Il risultato è che in futuro **i neolaureati in legge con abilitazione** passeranno direttamente alle fasi più complesse e sofisticate della loro professione, cioè **quelle che non possono essere automatizzate?** E con quali conseguenze? A breve nessuna, se non che ci sarà una prima generazione di avvocati (e mille altre professioni) che faranno prima, di più e probabilmente meglio. Ma subito dopo ci sarà un'ondata di riflusso creata dalla mancanza di competenze. **Un impoverimento collettivo micidiale.**

La pigrizia

Un'altra immagine è quella di una società che con l'automobile e gli altri mezzi di trasporto personale, inclusi i monopattini elettrici, si impigrisce sempre di più e poi **ha bisogno di fisioterapia e sedute di palestra per smaltire il peso accumulato e ridare tonicità ai muscoli atrofizzati**. Quando sarebbe bastato camminare.

La pigrizia è la madre di molti vizi e può portare fra le altre cose **all'inettitudine**. Perché ottenebra ma soprattutto perché non fa progredire. La complessità del nostro mondo richiede capacità di studio e pensiero critico, non computer che facciano tutto al posto nostro. Qual è il vantaggio **se lo studente può premere il pulsante e avere la tesina già scritta?** O il materiale per il compito già raccolto? O il disegno già fatto?

La grande bellezza dell'AI

È come prendere le pillole per dimagrire o le creme per farsi crescere i muscoli, **quando la risposta sarebbe una vita attiva, esercizio e alimentazione sana**. Cosa che oltretutto allunga la vita. Perché il trasferimento della conoscenza fatto in questo modo è estremamente poco efficace, ammesso che avvenga. **L'AI, a causa di questo grande fraintendimento sul suo significato**, viene ovviamente vista da dirigenti e imprenditori come un modo per risparmiare e potenzialmente aumentare la propria produttività. È anche giusto che sia così: sono le regole del libero mercato. **Ma al prezzo di preparare una legione di incapacitati.**

In conclusione

"AI" è **un termine improprio per le tecnologie attuali**. L'espressione è eccessiva e **non rende giustizia alle capacità degli LLM**. La parola "intelligenza" suscita aspettative che gli LLM non possono soddisfare: **non rispondono a nessuna teoria della mente e sembrano incapaci di ragionamenti concettuali profondi**.

La chiave per l'uso delle AI è **applicarle a compiti per i quali sono adatte**, come l'analisi, la sintesi e la manipolazione dei dati, e non per prendere decisioni importanti per conto delle persone. Ma soprattutto, non devono diventare una scusa per renderci tutti pigri e smettere di studiare e lavorare. **Quello sì che sarebbe un errore.**